民主主義教育のフロンティア

私たちが、民主教育研究所を創るのは、教育の場に、
人権と自由、平和と民主主義をみなぎらせ、

すべての者の学ぶ権利を保障し、人間としての発達をはげまし、
自立と社会参加の道をひらく教育を探求するためである。

民主教育研究所＝編

旬報社

まえがき

民主主義を、さしあたり「人びと（people）が人間として平等に人権をもつことを承認し合い、お互いを尊重し合いながら、共同して安心して暮らしていくための社会および政治のルールとしくみ」だと定義するならば、この理念は、戦後の日本国憲法（一九四六年）および旧教育基本法（一九四七年）のうちに見てとることができる。だが、今日この理念を実現するためには、日本と世界を覆っている新自由主義に対抗する民主主義的な公共圏を一歩ずつ広げていく多様な取り組みが必要である。例えば、学校が民主主義的な機能を発揮するためには、上意下達の管理主義的な学校を、子ども・保護者・住民が管理・運営や政策・方針の決定に多様なかたちで参加する真に「開かれた学校」に、学級を子どもが権利行使の主体として参加する民主的な学習共同体に変え、民主主義を学び経験することのできるカリキュラムづくりを進めていく必要があろう。

だが、この間の新自由主義を推進してきた安倍政権およびその継承である菅政権の政治は、こうした民主主義の営みを根底から破壊しようとしている。その最たるものは、新教育基本法（二〇〇六年）による旧教育基本法の改悪である。第一条の教育の目的にあった「真理と正義を愛し、個人の価値をたっとび、勤労と責任を重んじ、自主的精神に充ちた」という民主主義の根幹と言える文言が削られ、そのかわりに、教育の目標のうちに、道徳心、主体的に社会の形成に参画する公共の精神、伝統と文化をはぐくんできたわが国と郷土への愛など、民主主義に抵触するような徳を滑り込ませたのである。この新教育基本法を盾にして、新自由主義的教育改革が推し進められている。

こうした状況にあるからこそ、民主主義教育を進める私たちは、教育とはどうあるべきか、どうあってはならないのか、という原理的・倫理的な問いを失ってはならないし、それをたえず問い続けねばならない。そしてまた私たちは、新自由主義的主体を形成しようとする教育に対抗して、民主主義教育は今何を課題とすべきか、何を今重大な論点とすべきなのかを大胆に提起する必要がある。このことがまた、社会連帯を進め対抗的な民主主義的公共圏の形成に貢献する、民主主義教育の新たなあり方を模索し構想することにつながるであろう。本書を『民主主義教育のフロンティア』とした意図はまさにここにある。

民主教育研究所は二〇二二年二月に三〇周年を迎える。一九九二年二月一九日に設立された民主教育研究所の「設立趣意書」は、設立の目的をこう述べている。「私たちが、民主教育研究所を創るのは、教育の場に、人権と自由、平和と民主主義をみなぎらせ、すべての者の学ぶ権利を保障し、人間としての発達をはげまし、自立と社会参加の道をひらく教育を探求するためである」。

本書が、設立の趣旨に十分に応えうるものであることを願うとともに、コロナ禍という状況下で、さまざまな制約と困難を負いながら学校で働く教職員や会社・家庭で子どものために働く親たちを少しでも励ますものになれば、私たちとしてはそれにまさる喜びはない。

『民主主義教育のフロンティア』編集長・池谷壽夫

目次

第Ⅱ章──民主主義教育のアクチュアルな課題……91

教育産業によってくち溶ける公教育
――「棲み分け」から「侵蝕」、そして「民営化」へ　児美川孝一郎……140

［インタビュー］

今、教育はどうあるべきか　百歳の大田堯さんに聞く

聞き手　池谷壽夫（『人間と教育』編集長）

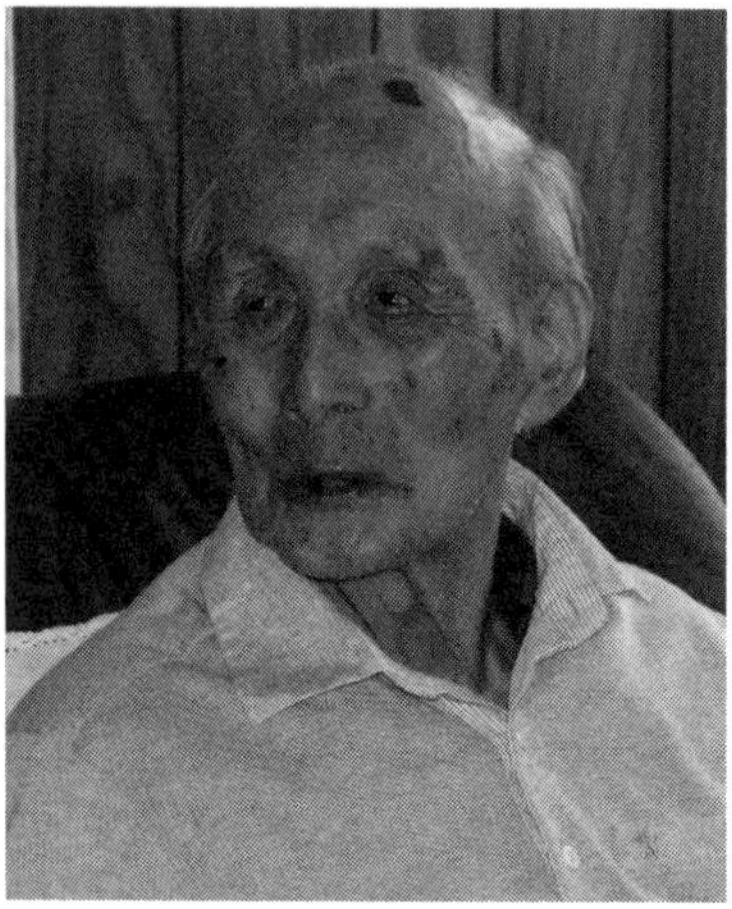

大田　堯　おおた・たかし

一九一八年広島県生まれ。教育研究者（教育史・教育哲学）。東京帝国大学文学部卒業。東京大学教育学部学部長、日本子どもを守る会会長、日本教育学会会長、都留文科大学学長、世界教育学会（ＷＥＲ）理事などを歴任。現在、東京大学名誉教授、都留文科大学名誉教授、日本子どもを守る会名誉会長、北京大学客座教授。単著に『教育の探求』（東京大学出版会）、『教育とは何か』『教育とは何かを問い続けて』（岩波新書）、『かすかな光へと歩む』（一ツ橋書房）、『大田堯自撰集成』（全四巻・補巻）『ひとなる』『百歳の遺言』（藤原書店）他多数。

二〇一一年には、その思索と行動の軌跡を追った映画「かすかな光へ」が完成、二〇一八年十月（インタビュー当時）全国七〇〇カ所以上で自主上映を展開。

池谷　先生は最近のご著書の中で今の教育のあり方にとても強い危機感を抱いて、人間と教育を生きものというレベルから根底的に考え直す必要性を提起しています。とくに「ひとなる」ことを援助するのが教育だという考えは、私たちに大きな問いを投げかけています。まず、先生がなぜ教育をこのようにとらえたのかをお聞かせいただき、そのうえで、教育に携わる人たちに、何か大きな励ましをいただけたらと思います。

……誤訳された「教育」——上から下へ……

大田　educationを明治の初めに「教育」と訳したのは誤訳です。これをまずはっきりさせることが大事です。このeducationという言葉は、イギリスの辞典やフランスの大辞典を引くと、比較的新しい言葉だと書いてあります。例えばscienceとかcivilizationなどの言葉が使われるのと同じ時期に、educationという言葉が使われている。フランス革命などの民主主義革命が終わった後の言葉ですから、educationには「引き出す、子どもの内面を引き出す、新しいものを引き出す」という意味が含まれています。

ところが当時の明治政府は、自由民権の運動が起こっていましたので、そんな外国の考えばかりではダメだ、もっと東洋の儒教的な考えも入れるようにと強く要求したのです。それが天皇の直接の言葉である「教学聖旨」（一八七九年）です。それにもとづいて側近が、educationという言葉を「教育」と訳したと思われます。

この「教育」は儒学の中でずっと使われてきた言葉です。紀元一〇〇年に出た中国の『説文解字』では、象形文字を漢字に移す時に、「教育」の「教」の字を分析し説明しています。それによると、「教」の字は「上の者が下の者に施すこと。下の者はその施しに倣って学ぶこと」とあります。また孟子には「天下の英才を教育するのは君主のひとつの喜びである」というものがあって、これは武士の世界ではよく知られていました。しかし、武士は従来「学問」という言葉を使っていたのです。

福澤諭吉は、『学問のすゝめ』で「教育のすゝめ」をしましたけど、「教育」という言葉は使いませんでした。福澤は正確に翻訳しないと気が済まない人でしたから、一八九〇年に「教育勅語」が出される前夜になってようやく、自分の『時事新報』に、「教育」と翻訳したのは間違いだ、これはむしろ「発（はっ）育（ゆく）」に変えるべきだと書いています。ところがその福澤も、その後は全部また「教育」。当時の社会状況からして「発育」では通らないので、やむを得ず「教育」という言葉を使ったのでしょう。

「教育勅語」には天皇が上から下へ、汝臣民という形で、夫婦仲良くとか、人間の持つべきいろいろな内面のあり方が示されています。学校では「教育勅語」が儀式ごとに使われ、丸暗記させられました。このようにして上から下へという教育の観念のもと、教育という「誤訳」が広められ、国民の中へ入っていったのです。

実は『百歳の遺言』（藤原書店、二〇一八年）の対談の中で中村桂子さんは、生命誌研究館では『教育』も半分禁句です」とおっしゃっています。その場合の教育の観念は上から下への教育ですよね。おそらく大部分の日本人の中には、こうした教育の古い観念が入っているでしょうから、なかなか新しい教育の観念が入っていきません……。敗戦になって民主主義になった時でも、何としても最後まで天皇制を守るというのが当時の政権の姿勢でした。天皇制を守る代わりに、憲法第九条が入ったと言ってもいいくらいです。そういう性格のものですから、いまだに教育の古い観念が強く我々日本人の中に入っているんですよ。

『岩波講座　教育　変革への展望』（岩波書店、二〇一六年）でも、そこまで分析して教育の変革を考えているかどうか。どうもそういう教育の「古さ」を掃除するまではいっていないのではと思っています。そういう説明がほとんどないまま、古い教育の観念が使われているのではないだろうかと。ですからここをしっかり認識しないと、「教育の変革」と言っても、結局はいつまでも不完全なままなのではないでしょうか。まず徹底的にやらなければならないのは、教育の「古い」観念を変えること。これをしなければ、教育の変革といっても元の「古さ」に戻ってしまうだけです。

……生きることは学ぶこと……

大田　分子生物学の領域で言うと、あらゆる生きものの生命は学習から始まります。バクテリアでさえ、環境にある情報を利用して、それを自分のものにして生きている。つまり学習をして生きているんですね。教育学では「情報」という言葉はあまり使いませんが、情報は生きものが生きていくうえでは必然です。

生きものはそれぞれがみな違っていますから、それぞれが生きるために必要な環境や、そこから受け取る情報の領域は、当然みな違っています。その中で生きものは必要な情報を「食べて」、変わる。つまり学習しながら、生まれてから死ぬまで生きつづけるんです。我々生きものにはそういう三八億年の学習の歴史があるんですよ。

空気を吸ったりご飯を食べたりすると同じように、生きものは情報を得ないと生きることができないんです。ですから学習は生存権の一部、生存とともにあるんですね。これがなかったら生存権も成立しません。ですので教育が先にあるのではなく、まず学習があるんです。

それでは教育は何をするのか。僕は、本当は教育という言葉をなくしたいと思っているんです。なんとかなくす方法はないか、教育を別の言葉に変える方法はないものかと思っていますが、福澤諭吉でさえできなかったことを、僕がやれるはずもありませんよね（笑）。そこで、僕は教育に新しい役割を与えたらどうだろうかと考えてみたんです。つまり学習を助けるという役割を。

学習には生きものの根源的な自発性があります。そういう根源的な自発性をあらゆる生きものはもっていますので、学校では教材とか教科で教えようとしますが、その前にその子その子が生きている空間全体から、その子その子が自ら選んで情報を獲得して学んでいるということを、まず考えなくてはなりません。子どもは生活の中で学校に来るまでにたくさんの情報をつかみ、それを自分で取捨選択しながら学校に来ています。そして学校に来てからも、情報を獲得しながら学んでいるんです。

面白いことに中村桂子さんのお話では、教えるというのは人間だけの行為であって、他の動物には教えるという行為はないそうなんです。これが本当かどうかはまだ研究する余地があるかと思いますが、今のところ教えるという行為をするのは、人間だけだそうです。人間の場合には、他の生きものに比べて非常に複雑な文化や社会がありますので、外からの情報量は膨大です。ですから、教えるという行為も必要なんですよね。

池谷　**先生はそれを「社会的文化的胎盤」だとおっしゃっていますね。**

大田　ええ、胎盤という、非常に広いところから情報を吸い取っていく。学校はその一部であるといってもいい。しかし、子どもたちを束にして教えるような学校ではいけません。社会的文化的胎盤の中で、その子その子で違う情報を得ておりますので、教えたことがこの子には入っても、別の子には入らないということもあります。まれに成功したとしても、それはたまたま運が良かったというくらいで、失敗することもある（笑）。このように柔軟に教育を考えることが重要です。

……ちがう、かかわる、かわる……

大田　私たちの教育実践の中でも、「ちがう、かかわる、かわる」という、生きものの本質にそった教育実践がありました。その一つが私が学んだ生活綴方の実践です。

生活綴方は国が上から出す情報を受け取るだけでなく、子どもたちが自分の思ったことや、地域のことを方言で綴る。方言の文化を大事にして、教師は子どもが自己表現するのを励ましました。子どもが書いた自分の生活、身近な社会、周りのことなどを話し合いながら、そこでどう生きたらいいかを考えたのが生活綴方でした。

ここではまず一人ひとりの子どもを違うものとして扱いました。ＤＮＡが一人ひとり違っているということは科学的にも明らかにされていますので、一人ひとり違っているということは確かですよね。そういう一人ひとりがみな違う自己表現をして、それをみんなで話し合うことによって他者とかかわる。かかわることは、自分が持っている情報と他者がもっている情報をぶつけ合うことにもなりますので、そこで自分なりの判断をする。

これを、僕は「折り合いをつける」と言っています。この折り合いをつけることによって、自ら変わり、発達する。ですから、「ちがう、かかわる、かわる」という生命の特徴を、生活綴方は全部含んでいるんです。こういう大きなスケールの、しかも一人ひとり違う子どもたちの学びを丁寧にやった実践が身近にあったんですね。そういう生命の筋から考える教育をもっと深く探求する研究があってもよいと私は思うのですが。

学習という根源的自発性を助ける教育は、とても重要で高度な仕事です。そこでは広く高い教養が求められますから、教師の養成レベルを上げることが、生命の筋から教育を考える場合には、どうしても必要になります。

池谷　根源的自発性を助けるのは高度なものだから、先生は教育はアートだと。

大田　失敗も成功もある、創造的な仕事だという意味で、教育はアートであると言うほかはありません。ところが教育はアートだと言うと、アートとは何だと議論になってしまって。アートという言葉だけですませないで、もうちょっと何か他の言い方はないかと考えてみたりもしますが、何と考えてもアートしかないんだなあ（笑）。

……「ひとなる」教育へ……

池谷　今破壊されている社会的文化的胎盤を豊かに取り戻すことがとても大事になっています。何か先生にお考えがありましたら、ぜひ最後にお聞かせください。

大田　子どもたちの問題は、狭い学校の中だけでなく、もっと学校の外の広い社会的文化的胎盤の中で、生涯学習という広い領域で考えないと無理ですよね。そういう意味で学校はもっと規模が小さいほうがいい。

社会的な活動が学校を補うというようなことになれば、そういうことに関心をもっている人もいますので、子どもの問題も解決することができるのではないでしょうか。教育を広く社会的文化的胎盤の中で考えれば、教育の場は非常に広くなり、学校教育にある程度の限度を与えることにもなりますので、質的にもよくなると思います。まあこれは僕の夢ですから、何でも話せる（笑）。

しかし、今の状況の中でも改善すべきことはたくさんあります。学校が背負っている余分なことをもっと地域に委ねるようにしなければなりませんよね。それによって教師の負担が軽くなるでしょうし、質も深くなるでしょう。それから全国一斉学力テストは、一人ひとり違った子どもを束にしてモノとして扱っていますので、これは廃止。先ほどお話しました、「ちがう、かかわる、かかわる」という生きものの特徴の科学的根拠からいっても廃止すべきです。そして「させる」ことを少なくする。学校では、「させる、させる」ばかり。これは子どもを消極的に扱っていますよね。例えば盛んに言われている本の「読み聞かせ」ではだめ。「読み語り」でなくては。語ることはかかわることでもありますから。

そういう日常の細かなところから人間関係を改善して、学校の中にも、人が生きるという雰囲気を創り出していくことが、「ひとなる」ことを援助する教育にもなるかと思います。子どもに「君よく来てくれました、ありがとう」と言うくらいの学校になれば、人間関係も変わり、学校も社会も徐々に変わっていくのではないでしょうか。

池谷　今日は本当に長い時間お話をしていただいて、いろいろな提案をいただきありがとうございました。

（二〇一八年八月八日　大田堯先生宅にて）

※このインタビューは『人間と教育』第一〇〇号に掲載されたものです。

序章

民主主義と平和と教育

――民研三〇年記念によせて

堀尾輝久

はじめに

私に与えられたテーマ「民主主義教育は何を問うべきか」は　民主教育研究所はなにを問うてきたか、問うべきか、民研三〇年の総括と展望・課題ということでもあろう。

とはいえ、民研の設立以来初代の代表として一八年民研活動に関わってきた私自身は「民主主義教育」という表現、そしてそれを主題とした論文は意識的に避けてきた。わが機関誌の名称も敢て『人間と教育』としてきた。問うべきは「人間と教育」「民主主義と教育」であり、民主主義教育のコンセプトがなにを意味するかは　時に漠として限定出来ず、時に教育内容に限定され過ぎるきらいがあり、テーマ設定としては不適切だと考えてきたからである。「民主教育」の表現にも同様の問題があるが、民主教育研究所の呼称は国民教育研究所との関係、それに変わるものとしての新研究所の発足時の情況が大きい。民研の英文表記もResearch Institute of Democracy and Educationである。私たちが問うてきた「民主主義と教育」は、まず、民主主義とはなにか、教育とはなにか、そしてその関係が問われる。そこでは「人間と教育」の問いと重なる。

一　問い直される民主主義

1　「人民の力」としての民主主義

民主主義とはなにかが問われ、民主主義を担う主体としての人民（国民・ピープル）をいかに育てるか、その教育とはなにかが問われてくる。

歴史的にも、社会通念としても、民主主義とはdemos-kratosつまり「人民の力」の意に発し、リンカーンに因んでいえば「人民（peopleピープル）の、人民による、人民のための」ガバメントである。ガバメントとはなにか。政府では狭過ぎる、政治であり、経済であり、社会のあり方だとして理解されてきた。

ところで日本語としての「人民」はリンカーンの訳語ではあっても、日常語にはなっていない。しかし日本国憲法の国民はpeopleと訳されている。国民主権はpeople's sovereigntyである。であれば国民＝people＝人民として、従って、国民主権＝人民主権と理解し、使用すればよい。因みに丸山真男は一貫して国民を人民としている。しかしまた、私たちは護憲の立場からは俄に「国民」を放棄するわけには行かない。国民の含意をどうつくりなおすか、捉え直すかが問題なのだ。

民主主義の用語も戦前は避けられて（大正）民本主義といわれた。これは命名者吉野作造の誤魔化しではなく、天皇主権のもとでは民主主義は存在し得ないからである。「大正デモクラシー」の用語の方が非歴史的用法なのである。因みに、不戦条約（戦争放棄条約 一九二八年）は「人民の名において」の表現が国体に反する故にその点は賛同出来ない旨の条件を日本政府はつけたのだった。

日本の民主化democratizationを求めるポツダム宣言の受諾に始まる戦後民主改革は、新憲法を軸とし、国民［人民］主権、人権の尊重、平和主義の三原則を基本とするものという理解［憲法三原則］は定着し、改憲論者もこのこと（ことばだけ）は共有している。私たちが「戦後民主主義に賭ける」というときそれはこの憲法三原則を中軸としての精神革命を根付かせるという当為〔なすべきこと〕への決断を含んでいる。

教育は義務から権利へ　そこでは、教育は国民の国家に対する義務から人権としての教育（国民の学習権）へと転換し、教育に民主主義をささえ、根づかせる役割が期待された。そこでは教育自体も問い直され、子どもの成長・発達の権利、学びの権利を軸に、国家と教育の関係が問い直され、教育の自由は憲法的自由と捉えられ、公教育の原理が問われ、人格の発達と人間性の開花を目的とし、憲法三原則を豊かに発展させ、根付かせることが学習・教育活動の基本だとされた。それは学校教育に留まらず、あらゆる場所あらゆる機会を通しての生涯学習権の実現を意味している。日本国憲法・教育基本法そして世界人権宣言と国連の学習権宣言を重ねて、この総体を「民主主義教育」と呼ぶことは出来よう。しかしこの言葉が独り歩きすれば、それは空疎なスローガンになる。その内容と構造が問題なのであり、それは「人権としての教育と国民の学習・教育権論」として具体的に深められてきた。(1)

2 民主主義の多義化・空洞化

しかし戦後七五年の歴史を見れば占領軍による間接統治のもと、朝鮮戦争が始まり日本は警察予備隊を発足させ再軍備への道を歩みはじめ、サンフランシスコ条約（片面講和）を通して自由主義諸国の一員として独立し、自主憲法制定を党是とする自由民主党政治が続く。政党名としてスローガン化した〈自由と民主主義〉は「戦後民主主義の行き過ぎ是正」の同義として定着していく。平和主義も日米安保のもと「戦力なき自衛隊」の増強、朝鮮戦争やベトナム戦争の出撃基地、さらに中国・北朝鮮への防衛・出撃拠点として、集団的自衛の役割をおわされてくる（安倍首相の積極的平和主義）。

この間若干の政治変動はあったが主流は変わらず、「戦後レジームからの脱却」を唱え、改憲の旗を掲げる安倍首相が「自由と民主主義を共通の価値観とする国々」と言うとき、憲法三原則からは遠く、民主主義は議院内閣制のもと、有権者の投票と多数決原理による決定の政治システムとしての議会制民主主義の意でしかなくなってきている。そこでは国民は選挙時（しかも小選挙区制）のアタマ数なのである。これが「人民の、人民による、人民のための政治」だといえるのか。大人たちは〈そんなものだ、投票があるからまだよい〉という。素直で、公平感覚のある子どもたちは国民主権とはなになのか理解に苦しむ。

他方、歴史的には、ブルジョワ民主主義に人民民主主義が、間接民主主義には直接民主主義が対置されて、社会主義革命が論議されてきた。しかし、「社会主義は民主主義の徹底だ」とされていた筈の社会主義国の現実は民主主義と自由を裏切るものであった（スターリン主義）。

大衆デモクラシーとポピュリズム　ファッシズムを支えたものとしての「大衆デモクラシー」の欺瞞性も論じられた。宣伝と教育を通して、民衆を「政治的に無知な」〈大衆〉にすることによって〈大衆〉に支持された政治を可能にする。ナチが駆使した宣伝・教育の技術。それは「リベラルの要素とデモクラシーの要素が歴史上衝突した典型例」とされている（樋口陽一[2]）。その手法に学ぼうとする現代政治。これをポピュリズムと呼ぶとき、その言葉は大衆デモクラシーの別名だといってよい。いずれも独裁的政治支配者を支える大衆の情動的支持行動として（否定的含意で）使われる。トランプ政治、安倍政治（麻生発言）はその亜流。

他方ではしかし、アメリカの民主主義は、ジェファソンから、オバマそして民主社会主義を唱えるサンダースまでがポピュリズムと呼ばれる場合、それは人民主義の伝統と解すべきであろう。リンカーンの人民主義もポピュリズムとも呼ばれた。しかし現代ではその意味は変わり、ポピュリズムは〈大衆〉主義の別名になってきている。大衆の意味も〈万国の労働者大衆は団結して起ち上がれ〉の大衆ではなくなっているのである。改めて、人民、民衆、大衆の意味が問はれ、真の人民主義はどこにあるのかが問われてくる。ここに現代民主主義の問題性が端的に現れている。

3　今こそ民主主義の原意と真意を問う

歴史を見れば近代の革命とはアリストクラシーからデモクラシーへ、つまりは政治が貴族制から民主制に変わったことである。デモクラシー（原意デモス・クラートス）とは民衆［人民］が力［権力］をもつ体制を意味する。しかし現実の近代市民革命は第三階級つまりはブルジョワジーが主体であり、第四階級つまり労働者大衆は含まれず、真の人民革命の要求と労働者の人権と選挙権の要求・運動も必然であった。以後、政治支配の方策は「余儀なき譲歩」としての普通選挙制度を前提として、いかに少数支配を可能にするかにかかってくる。民主制が衆愚政治になる危険性はギリシャ以来の常識である。しかし現代の「独裁・衆愚制」は理性的民衆〈公衆〉を情動的、非理性的な〈無知な大衆〉とし政治操作の対象にする技術［政治手腕］かにかかってくる。それはマスメディアと教育を通して、時間をかけ、密かに、時に扇情的大衆行動を通してポピュリズムを誘発し、独裁政治を誘導する。独裁が顕な権力支配ではなく、ポピュリズム［大衆デモクラシー］に依拠することも現代政治の共通経験である。これを、覚めた目で、民主主義はポピュリズムに堕した、と言われ、あるいは戦後民主主義は虚妄であったと揶揄されもする。しかし、ことは他人ごとではないのだ。

民主派・的あるいはリベラルと言う表現は私たちの政治用語としてだけでなく、日常語と日常感覚のなかで、共有されてきていることも大事な事実である。相手の話をよく聞く、尊重する、権力に媚びない人を、民主的な人という言い方も拡がっている。「民主主義」を振り回す人もいたが、逆に顰饜を買い、そんな人は少なくなった。「民主的な」という日常用語の語感は民主主義が生活の中に根づく度合いを示してもいえよう。皮肉なことに、〈自由・民主主義〉ではなくカナガキの〈リベラル・デモクラシー〉という表現が身近に感じられる昨今である。

ラディカルな民主主義　ラディカルな、根っこを持った民主主義とは政治・社会のあらゆる領域、あらゆる課題を人民が自分たちのもの「人民のもの」と捉え、自分たち自身の手で「人民による」、自分たちのために「人民のために」なる結果を得るために人民全員が力を尽くすことだ。人民の必要と要求をもとに、英知を結集しての課題を発見（課題化）し、具体的に取り組む。その手続きと順序、そこには人民参加を前提に、信頼されたリーダー達の熟慮と人民参加による意見表明、批判と課題の共有、言論の自由と参加の原則が不可欠である。人民の学習と参加は自分と集団の熟慮を深め、自分たちの力をつける（empowerment）。そこでの民主主義には公平で合理的な政治と行政の制度が求められるが、熟慮と実践を通しての、制度機能への反省とフィードバックが不可欠であり、完成はない。絶対正しいと言う解決もない。新たな課題に開かれた問いと実践を通しての問い直しの、循環と連続。そのなかで人民一人一人の主体的自己形成の課題も果たされよう。その中からリーダーは生まれても、独裁者とは無縁である。参加と熟慮と実践と検証、その循環に終わりはない。民主的教育制度と教育実践もその循環のなかにある。民主主義は永久革命だと言った丸山眞男の含意も、勝田守一が教育はプラグマチズムだと言った意味もここにあろう。発展はあっても完成はないのだ。

二　民主主義と平和

1　歴史のなかの民主主義と戦争

現代の私たちにとって、平和と民主主義の問題は不可分である。憲法三原則はそのことを示している。しかし民主主義の思想史を辿れば、それは自明ではないことが分かる。

ブルジョワ民主主義、議会制民主主義、三権分立と普通選挙、法の前の平等と実質的不平等の拡大〈階級対立〉、国民主権の国家主権への従属、帝国主義戦争の必然性、〈大衆〉デモクラシーと大衆国家、そしてファッシズムの台頭。第一次世界大戦から第二次世界大戦へ。民主主義［米・欧・ソ］とファッシズム［独・伊・日］の戦争——民主主義国も戦争を続けた。

他方、人民主権と直接民主主義、プロレタリア革命と社会主義的民主主義、第二次世界大戦後の二つの世界と二つの民主主義の対立と核戦争の危機——イデオロギー化したデモクラシーは決して一義的ではない。ソ連の崩壊以後の現代ではリベラル・デモクラシーとイルリベラル・デモクラシー、そして二つのポピュリズム［人民主義］が言われる。さらに中国の人民主義はどこに位置づくのか。

二つの民主主義の対立と核戦争の危機のなかで、反戦・反核と平和に生きる権利こそが主要な課題となってきた。人民の力としての民主主義が平和をつくり出す力として改めて問い直されてくる。

2　戦争認識の転換と民主主義の深化

この間、戦間期から世界大戦の終結と国連憲章の成立さらに核戦争の危機を通して、戦争認識が決定的に転換したのだ。そのことは民主主義を問い直す契機ともなった。

第一次大戦は戦争の様相を変え、その被害の様態の凄まじさは、戦争を抑制する国際機構の創出への動きの原動力であった。市民の感覚は戦争の抑制に留まらず、戦争そのものを悪として退ける運動（Outlawry of War 戦争を非合法のものとし排除する運動）として、アメリカを中心に拡がる。この運動は法律家レビンソンが提起し、J・デューイも加わっての、デモ参加者二〇〇万という巨大な民衆の思想運動であり、それは不戦条約に結実し、それを超える反戦・平和の思想として、憲法九条の源流の一つとなる。

戦争違法化運動とJ・デューイ　ここでJ・デューイについて触れておこう。デューイは第一次大戦にはウイルソンの「デモクラシーのための戦争」論に呼応として、アメリカ参戦の積極的な論者であったが、戦後その認識を変え、「正義の戦争」を否定し、戦争そのものを悪と捉えるようになり、その違法化運動の思想的支柱としての役割を果たす。実は表題だけはよく知られているDemocracy and Educationは一九一五年に出版されたのだが、教育とはなにかを生理学的視点を含んで総合的人間学的に展開した著作であり、democracyの定義は見られず、そこでの民主主義はアメリカの伝統のなかに定着し、コモンセンスとしてあったものを、人間発達の視点から、コミュニテイとコミュニケーション論を通して捉え直す試みであったと言えよう。そこでは平和の記述は僅かで、平和への志向は示されているが反戦論は見出せない。デューイの民主主義論は一〇年後のPublic and its Problem（一九二七年、この年ソ連訪問）が重要であり、ここでは〈大衆化〉とpublicの喪失の事態を踏まえての、現状批判と民主主義の原意に還っての、common and publicの創造の課題を教育に託している。この時期は彼の戦争非合法化運動と重なっている。それは戦争を合法的前提とする体制を国際法・国内法の両側から非合法化しようとする人民の運動であった。この運動に参加し自らの思想も深めていったデューイの人民参加のコミュニティ論は国際的平和コミュニティ論を含んでその視野は拡がっていく。

日本でこの戦争非合法化運動と憲法九条の関係について、最初に、詳しく論じた久野収は「非戦運動の主体はあくまで、人民であって、政治家ではない。人民の目覚めによって守られていない政治家中心の機構づくりは必ず失敗するというのが、デューイ的人民主義の主張であった。」とのべている。(3)〔久野自身治安維持法による逮捕、投獄の体験者であり、戦後は市民の哲学者として平和運動に取り組んだ思想家であり、私も多くのことを学ばせて頂いた。わが師勝田守一の親友であり、雑誌『教育』の寄稿者でもあった方である。〕

ＩＣＩＣの活動　戦間期には国際連盟の「国際知的協力委員会ＩＣＩＣ」が発足し（一九二二年二月）知識人の運動も国境を超えて拡がっていた。ベルグソンが議長で、Ｍ・キュリー、アインシュタイン、そして、新渡戸稲造（当時国際連盟事務局次長）もいた。この委員会の依頼を受けて「戦争はなぜ止められないか」を模索した平和主義者アインシュタインとフロイトの対談については別論で書いた。[4] ナチの脅威にたいして、アメリカも原爆で抑止力を果たすべきだと進言したアインシュタインの苦悩は戦後の反戦・平和運動の原動力となった。フロイトのタナトスと破壊の衝動は文化の力で、時間をかけて、変えられるのではないかと言う感慨は、自分も追われる身になったナチの人間破壊の解説ともなりえたが、戦争は究極において人間のこころより始まるとし、平和の課題を「教育と科学と文化」に託したＵＮＥＳＣＯを生みだす力にもなった。ナチと民主主義との関係が問われ、人民の平和、人民による平和、人民のための平和を創り、守る主体を育てる平和と民主主義の教育が求められてくるのである。

ユネスコの成立については、第一次世界大戦の後、国際連盟のもとに国際教育局（ＩＢＥ）が設置され（一九二五年）、国際公教育会議が開かれ、国際的な相互理解と教育の問題に取り組む活動があった。その中心にいたＪ.ピアジェの役割も忘れてはならない。ユネスコ発足に尽力したＡ.カミューのことも。[5]

三　戦後日本の民主主義と教育

1　戦後、民主主義はどう教えられたか

すでに述べたように、一九四五年八月一五日敗戦、ポツダム宣言の受諾、新憲法の制定、憲法と一体としての教育基本法の成立、民主主義、平和主義、個人の尊厳と国民主権が国のかたちとありかた

の根本原理となり、教育の基本方針となる。戦後の日本で、民主主義はどう解されていたのだろうか。『あたらしい憲法のはなし』はその一つの歴史的指標といえよう。

『あたらしい憲法のはなし』

一九四七年八月二日文部省発行の中学一年用の社会科教科書として発行されたこの本は、私が中学三年の時、私たちにも配られたのだが、その「一憲法」でこの憲法は国民主権にもとづく総選挙で選ばれた国民の代表、つまりは国民の総意にもとづく憲法であるとしてこうのべている。

「これまであった憲法は、明治二十二年にできたもので、これは明治天皇がおつくりになって、国民にあたえられたものです。しかしこんどの新しい憲法は、日本国民がじぶんで作ったもので、日本国民ぜんたいの意見で、自由につくられたものです。この国民ぜんたいの意見を知るために、昭和二十一年四月十日に総選挙が行われ、あたらしい国民の代表がえらばれて、その人々がこの憲法をつくったのです。それで、新しい憲法は、国民ぜんたいでつくったということになるのです。」

次に「二民主主義とは」の項で「こんどの憲法の根本となっている考えの第一は民主主義です。」と書き、物事を決める際に意見が分かれた時に「なるべくおおぜいの人の意見で、物事をきめてゆくのが、民主主義です。国を治めてゆくのもこれと同じです。わずかの人の意見で国を治めていくのは、よくないのです。――つまり国民ぜんたいが、国を治めていく――これが民主主義の治めかたです。」

と述べて、選挙と国会の役割と、国民投票の意義に触れている。

続いて三の「国際平和主義」には「憲法で民主主義のやりかたをきめたからには、ほかの国に対しても、国際平和主義でやっていくということになるのは、あたりまえであります。」とのべ、四で

「主権在民主義」では主権を「国を治めていく力」ととらえ、憲法は「民主主義を根本の考えとしていますから、主権は、とうぜん日本国民にあるわけです」と説明している。こうして民主主義は国際平和主義と国民主権と不可分の憲法三原則だとされる。さらに憲法は民主主義にもとづく国の仕事のやりかたの規定と人間の自由と平等を軸とする基本的人権の規定からできていると憲法の構造をとらえている。さらに以下の叙述は憲法の条文の順を追って、天皇、戦争の放棄、基本的人権、国会、政党、内閣、司法、財政、地方自治、改正、そして最高法規の項で、〝人は自からの力で、自からを治めるがよい〟という民主主義の視点を基本に置いて説明している。さらに、「戦争の放棄」の項で「戦争は人間をほろぼすことです。世の中のよいものをこわすことです。だから、こんどの戦争をしかけた国には大きな責任があるといわねばなりません。」「そこでこんどの憲法では、日本の国が、けっして二度と戦争をしないように二つのことを決めました。その一つは、兵隊も軍艦も飛行機もおよそ戦争をするためのものは、いっさいもたないということです。」「これを戦力の放棄といいます。」「もう一つは国の間の争いがおこったとき、戦争ではなくおだやかにそうだんしてきまりを付けようとするものです。また、戦争までゆかずとも、国の力で、相手をおどすようなことは、いっさいしないことにきめたのです。これを戦争の放棄というのです。」と戦争の放棄と戦力の放棄の明快な説明がある。その頁には戦争放棄の溶鉱炉の上の口から、戦車や軍艦などの武器が入れられ、出口から電車や船や車など平和の生活に役立つものが出てきているイラストがある。これが文部省の戦後最初の憲法教科書である。

この年から発足した新学制では社会科が始まり、そこでは憲法学習が中心に置かれた。

翌年（一九四八年）には文部省『民主主義上』が刊行され高校生中心に配布された。わたしの手元には二年三組とメモされたそれが保存してある。「はしがき」には「民主主義を単なる政治のやり方だと思うのは、間違いである。――すべての人間を個人として尊厳な価値を持つ者として取り扱おうとする心、それが民主主義の根本精神である。」「それは政治の原理であると同時に、経済の原理であり、教育の精神であり、社会の全般にいきわたっていくべき人間の共同生活の根本のあり方である。」「人間の生活の中に実現された民主主義のみが、本当の民主主義なのだ」と説かれていた。

社会では、ポツダム宣言に示された「日本社会の民主化」方針と憲法改正の動きの中で、民主主義は時代の潮流となり、「民主主義への一斉転向」（渡辺一夫）とリーダーたちの軽薄さが批判されもしたが、学校の動きに先行して、日常業務に復帰した職場でも、組合での学習会で、あるいは青年団の文化活動で、「占領軍による『配給』された自由と民主主義」を自分の言葉で捉え直し、職場と生活のなかに根づかせるかせる活動も盛んになり、民衆自身の、焼け跡からの、「草の根からのデモクラシー」（吉見義明）[6]は希望を紡ぐ動きであった。「民主主義への一斉転向」は間もなく「民主主義の行き過ぎ是正」に転向するが、焼け跡からの、職場からの民主主義は生産過程や福祉の問題を通して社会・経済的視野へと開かれていく。彼らの戦争体験は民主主義を平和主義と結びつける。研究者たちも庶民の学びに参加し、自らも学びなおす。社会教育という新しい研究・実践も開かれていく。

2　憲法学者の憲法教育

憲法学者も憲法の話しを「君たち」に語りかけた。

『憲法と君たち』　敗戦後、松本憲法問題調査委員会の補助員として、さらに法制局の参与、金森徳次郎憲法担当国務大臣の秘書官として憲法制定過程に若くして関わった佐藤功が一九五五年、朝鮮戦争と憲法改正議論の最中に書いた『憲法と君たち』（牧書房、一九五五年）は憲法と民主主義、人権と平和を「若い君たち」に語りかける。「憲法が君たちを守る。君たちが憲法を守る」この言葉には佐藤の憲法への思いが集約されている。憲法は歴史のなかで作られ、変わっていく。専制政治の憲法から人民のための憲法へ。イギリスの議会、アメリカの独立宣言、フランスの人権宣言、これらを通して「基本的人権と民主主義」を二本柱とする「人民の、人民のための、人民による憲法」へ。佐藤はその歴史のなかで、リンカーンのゲティスバーグの演説に詳しく触れ、リンカーンは「人民の、人民による、人民のための政治」に自らを捧げて人だが、その理想を保証する憲法、「人民の、人民による、人民のための憲法」を世界の国々が作り上げて来たのであり、それが人類の歩みである。日本の憲法もその流れのなかにあるとのべている。さらに「日本の今の憲法のどこをほこってよいか」と言う節でこれまでの憲法は一国の平和については書かれて来たし、努力もしてきたが、「世界という一番大きな社会の平和をも実現するということが、今までの人類の努力の、もう一つ残っている最後の大きな仕事なのだ。それを日本の憲法はやろうというわけなのだよ」「今の日本の憲法のなかで、ほこってよいことは、まさにここにあるのだ。基本的人権とか民主主義とかいうことは、これは今まで、日本がおくれていただけのことなのだ。それを今の憲法で、他の国に追いついたということなのだ。だけど平和だけはちがう。それはほかの国ぐにはまだしていないことなのだ。――ほかの国が日本よりもおくれているのだ。ほかの国が、その点では日本のまねをしなければならないことなのだ。それが今の憲法の中で一番私たちが、君たちが、世界に向かってほこってもよいことじゃないだろうか。」と戦争放棄の憲法の意義を熱く述べている（一二四〜一二五頁）。この本の冒頭の国連の各国の旗の写真説明には「民主主義が地球をおおえば、一国においては、国民がたがいにおかしあうことなく、真に自由となり、世界の国ぐにには、この国旗のようにあらそうことなく、それぞれの独立をたもっていくことができる。」とある。そして、この本と同年に佐藤の名著『憲法』（ポケット注釈全書）も出版されたのだった。

実は私は法学部政治学科で佐藤先生の政治機構論を受講したがそれはこの本の出版される前年、講義は憲法に拠る政治の仕組みであり、デモクラシーの政治機構論だったのだと改めて思う。今回『憲法と君たち』を精読して、「君たちのひとり」としての吾を想うこと切なるものがある。

『政治学辞典』一九五四　なお同じ時期に発刊された『政治学辞典』一九五四年、岩波書店（編集者　中村哲、丸山眞男、辻清明）では、民主主義の項は辻清明、平和の項は久野収、戦争の項は田畑茂二郎と坂本義和がそれぞれ長い解説・論文を書いている。政治と政治権力は丸山眞男が、憲法と憲法学を中村哲が担当している。この辞典自体が戦後日本の社会科学が総力を挙げた歴史的論集であり古典だと言えよう。

なお私は丸山眞男の東洋政治思想史とゼミ参加、辻清明の行政学［必修］を受講した。懐かしい。

最後に　民主主義と平和と教育

憲法と教育について更に考えてみよう。

人民の、人民のための、人民による　政治が、憲法で求められているとすればそれに重ねて、不可分のものとして、教育が語られねばならない。佐藤功が『憲法と君たち』で「憲法が君たちを守る、君たちが憲法を守る」という信念で語りかけているのは子どもたち、若者たちである。つまりは憲法を守るのは国民であり、未来を担う子ども・青年である。佐藤たちの活動は教育活動にほかならない。人民の、人民による、人民のための教育がなければ、民主政治は不可能だし、人民のための憲法は生かされないし、守れないからだ。

問題はその先に、つまり人民の教育とは、人民による教育とは、人民のための教育とはなかにかが問われ、それに重ねて憲法を活かし守る教育、民主政治を活かす国民を育てる教育が求められてくる。

憲法と一体のものとして創られた「教育基本法」（一九四七年）の前文には「われらは、さきに、日本国憲法を確定し、民主的で文化的な国家を建設して、世界の平和と人類の福祉に貢献しようとする決意を示した。」と書き、続けて「この理想の実現は根本において教育の力にまつべきものである。」と述べていた。第二条には「教育の目的は、あらゆる機会、あらゆる場所において実現されなければならない。」とあった。戦後の民主主義を支える体制が憲法・教育基本法体制と呼ばれた所以である。それが国民主権と一体のものとしての国民［人民・ピープル］の教育権［教育への権利］である。国民［人民］の学習・教育権は人権であり、すべての国民［人民・ピープル］の人格発達と個人の尊厳をめざすのが普通教育であり公教育である。それは国家教育ではない。

さらに平和に生きる権利、幸福追求の権利、人間的発達と学ぶ権利、教育への権利と国家の責任〔何をやるべきであり、何をやってはいけないか〕、そして、平和に生きる権利と子どもの権利の不可分性が問われてくる。戦後日本の教育実践と教育研究はこれらの問題に取り組み、深めてきた。

しかし、戦後民主主義に行き過ぎ是正を言い、戦後レジームからの脱却を唱える政治によって、教育基本法が変えられ（二〇〇六年、第一次安倍内閣）、改憲勢力による、改憲のための政治が図られている。学習指導要領と教科書検定を通しての教育内容統制が進み、加えて、競争と自己責任論による管理のもとで、教師の教育実践の自由が制約され、子ども・生徒の人間的主体性と学習の権利が侵害されてくる。憲法学習も疎かにされ、平和主義とともに、人権と民主主義の教育も空洞化してきた。

私たちの道は八・一五に立ち返り、憲法・教育基本法の精神に立ち返って、子どもの権利条約に重ねて、民主主義を個人の尊厳、人権の尊重、そして平和主義と結びつけて、「人民つまり日常の人々の、人民（人々）による、人民（人々）のための」生活と社会と政治、そのような国の形と世界のあり方を創りだす主体（それを市民といってもよい）を育てる他に道はない。民間教育団体（民教連）や全国教研の活動もここに集約されよう（その豊富な成果の蓄積は別稿に期したい）。

私たちが有志で「子どもの権利条約市民・NGOの会」の活動を軸に、子どもの権利の視点の重要性を訴え続け[7]、地球平和憲章づくりに取り組んできたのもそのための努力の一つである[8]。それは九条の理念をベースに不戦・非武装・非暴力の地球平和憲章を創る国際的な市民運動である。それは持続可能な地球環境のもとでの、平和に生きる権利を軸に、新しい国内・国際法秩序を作る運動であり、そのためには平和・人権・共生の文化と教育が不可欠となる。憲法、国連憲章、ユネスコ憲章、子どもの権利条約、そして日本国憲法が重要な拠り所となる。

それを敢えていえば、民主主義の原意＝人民の力に還っての、その現代的（地球時代的）発展だと言えるのではないか。人民には子ども・未来社会を担う者を含んでいる。憲法にも基本的人権は「現在及び将来の国民」に対して信託されたものだとあり（第十一条、九十七条）、前文には「全世界の国民が、ひとしく恐怖と欠乏から免れて、平和のうちに生存する権利を有する」と書かれている。全世界の人民の、グローバルな平和と民主主義と教育を！

注

（1）堀尾輝久『人権としての教育』岩波書店、一九九六年、新二〇一九年、堀尾輝久『日本の教育』東京大学出版会、一九九四年、「日本の憲法・教育基本法の理念と子どもの権利・学習権論の発展」台湾での報告、東京大学教育学部基礎研究室紀要、二〇一八年など、なお堀尾輝久「丸山真男先生の平和思想」本の泉社、『季論』四〇号、二〇二〇年十二月、参照。

（2）樋口陽一『リベラル・デモクラシーの現在』岩波新書、二〇一九年、九頁。この書には「ネオ・リベラルとイルリベラルのはざまで」の副題が付けられている。樋口は「リベラル・デモクラシー」は近代の立憲民主主義であり、日本国憲法の原理である。自民党憲法改正草案（二〇一二年）はこれに対して「ネオ・リベラルとイルリベラルの組み合わせを対置したもの」と捉え批判する（一四一頁）。また彼は「ポピュリズムの2つのヴァージョン」の小項でガーディアン紙の論稿（二〇一八年五月二三日電子版）「ポピュリズムはジェファーソンからバニー・サンダースに至る抗議の話法の伝統」を紹介している（一七五頁）。また宇野重規『民主主義とは何か』講談社現代新書、二〇二〇年、参照。なお宇野は学術会議会員任命拒否六名のひとり。

（3）久野収「アメリカの非戦運動からみた憲法第9条」『中央公論』一九六三年一月号、久野『憲法の論理』みすず書房、一九六九年所収、なお戦争違法運動については河上暁弘『日本国憲法9条成立の思想的淵源の研究』専修大学出版、二〇〇六年。

（4）堀尾輝久「アインシュタインとフロイト」日本非核法律家協会誌、二〇二〇年夏号。

（5）深山正光『国際教育の研究　平和と人権・民主主義のために』桐書房、二〇〇七年。堀尾輝久、河内徳子編『教育国際資料集』青木書店、一九九八年。

（6）吉見義明『焼跡からのデモクラシー』（上）岩波書店、二〇一四年。

（7）子どもの権利条約市民・NGOの会『国連子どもの権利条約と日本の子ども期』本の泉社、二〇二〇年、堀尾輝久『子育て・教育の基本を考える』童心社、二〇〇七年。

（8）９条地球憲章の会「地球平和憲章」二〇二〇年六月一四日公表、なお堀尾輝久「いま憲法を考える　９条の精神で地球憲章を！」『季論21』二〇一七年夏号、本の泉社。

第Ⅰ章

民主主義教育の原理

新自由主義に対抗する新たな人間観と教育観を求めて

池谷壽夫

はじめに

今「コロナ対策と経済の両立」の名のもとに、基礎疾患を持つ人々だけではなく、社会的な弱者（障害者、貧困層、ひとり親家庭、非正規雇用者など）やエッセンシャルワーカーなどの生命がないがしろにされている（「生と脆弱性の不平等な再配分」）。その一方で、日本政府は、コロナのリスク回避を自己責任で行い、そのための自己統治を各人が徹底するよう求めている。こうした要請に従わない者は国民のセキュリティを脅かしコロナリスクを増大させるものとして、告発と懲罰の対象とされかねない。

こうした状況は、新自由主義教育政策とそのイデオロギーの浸透した〈学校企業体〉と化しつつある学校現場にも降りかかる。その状況を明らかにするために、まず新学習指導要領の核となる「資質・能力」論の特質を明らかにし、次いでそれが実際に展開される〈学校企業体〉においていかなる人間観・子ども観が形成されるかを検討する。そのうえで、その人間観・子ども観とは異なるオルタナティブを考えるために、「脆弱性vulnerability」と「依存」にもとづく新たな人間観と教育観を提起したい。

一　「資質・能力」論の特質と危険性

新学習指導要領の目玉とされる「資質・能力」論は大きな問題を孕んでいる。[1]第一に、ＯＥＣＤのコンピテンシー論などとも共通して、知識基盤社会やその後のデジタル革命に応じた経済界の人材育成政策に教育を完全に従属させている。ここでは未来の複数予想されうる社会像が予め新自由主義的社会像一つに封じ込められ、教育の名のもとに、人間性や人格性を含めた、人間がもつあらゆる性質が「資質・能力」として開発され資本に収奪される。第二に、ＯＥＣＤ内部には新自由主義派と社会民主主義派との葛藤があり、かろうじて新自由主義へのある程度の「歯止め」が残っているが、「資質・能力」論にはその歯止めがなく、不平等の是正、人権の保障といった視点も欠落している。またＯＥＣＤが教育政策の基礎においている教育の自治と自由や子どもの権利の保障といった視点もない。それればかりか、「資質・能力」論では、後で見るように公共への奉仕が強調されている。

第三に、「資質・能力」論は、改正教育基本法（二〇〇六年）とそれを具現した学校教育法の目的実現の総仕上げの仕掛けである。中教審・教育課程企画特別部会「論点整理」（二〇一五年八月二六日）から中教審答申「幼稚園、小学校、中学校、高等学校及び特別支援学校の学習指導要領等の改善及び必要な方策等について（答申）」（二〇一六年一二月二一日）にいたるまで一貫して、改正教育基本法の教育目的が育成すべき「資質・能力」の上位に位置づけられている。

改正教育基本法で、教育の目的は「人格の完成を目指し、平和で民主的な国家及び社会の形成者として必要な資質を備えた心身ともに健康な国民の育成を期」す、と改変された。旧基本法にあった「真理と正義を愛し……自主的精神に充ちた」という民主主義の核心部分が削除され、傍点部分が付け加えられた。ではここで「人格の完成」と「国民の育成」とは具体的にどう解釈されているのか。その答えは教育基本法の改正について答申した中教審「新しい時代にふさわしい教育基本法と教育振興基本計画の在り方について（答申）」（二〇〇三年三月二〇日）にある。そこでは、「人格の完成」とは、「国民一人一人が自らの生き方、在り方について考え、向上心を持ち、個性に応じて自己の能力を最大限に伸ばしていくこと……このような一人一人の自己実現を図ること」であり、また「大競争の時代を迎え、科学技術の進歩を世界の発展と課題解決に活かすことが期待される中で、未知なることに果敢に取り組み、新しいものを生み出していく創造性」が求められている。一方「平和で民主的な国家及び社会の形成者として必要な資質」とは、「自由で公正な社会の形成者として、国家・社会の諸問題の解決に主体的にかかわっていく意識や態度」であり、そこには、互いに支え合い協力し合う互恵の精神にもとづいた「新しい『公共』」、「法や社会の規範」意識、「道徳心」、「日本の伝統・文化の尊重、郷土や国を愛する心と国際社会の一員としての意識」などが含まれる。

だが、こうした「資質・能力」の解釈は、OECDのコンピテンシー論からまったくかけ離れている。後者では国民の育成ではなく、少なくとも能動的に社会に参加する市民の育成が考えられているからである。にもかかわらず、OECD（二〇一八）の日本語訳[2]では、「変革を起こすコンピテンシー」の中心に据えられた「エージェンシー」（行為主体性）にわざわざ注を付けて、「教育基本法第一条では『平和で民主的な国家及び社会の形成者として』必要な資質を備えた国民の育成を期することとしており、また、同法第二条では『公共の精神に基づき、主体的に社会の形成に参画し、その発展に寄与する態度を養う』としているが、これらは、エージェンシー（Agency）の考え方に合致するものである」と、「エージェンシー」を「国民の育成」へと歪曲している。

このように、「資質・能力」の上位に改正教育基本法が位置づけられるが、「人格の完成及び国民の育成の基盤となるのが道徳性」（『小学校学習指導要領解説　総則編』）とされるから、「資質・能力」の基盤をなすのはこの「道徳性」ということになる。こうして「資質・能力」論の名のもとに、「教育全域の徳育化[3]」がいっそう推進される。

二　〈学校企業体〉下での教員と子ども

こうした「資質・能力」論にもとづいて進められる日本の新自由主義教育は、学校では以下のように現れる。まず、新自由主義教育は、効率性と成果を飛躍的に増大させるために、学校の企業化をいっそう促進し、教育の数値化＝技術主義化を進行させる。例えば、二〇〇〇年前後から企業の要請のもとにＰＤＣＡサイクルが行政改革および学校評価の手法として教育現場へ本格的に導入される。これに拍車をかけたのが、改正教育基本法と、この理念を実現し日本の教育振興施策の総合的・計画的な推進を図るために策定される教育振興基本計画である。ことにその第三期基本計画（二〇一八年六月）では、客観的な根拠と数値目標に基づくＰＤＣＡサイクルの徹底化が目指される。他方では、管理手法として、教員には二〇〇〇年以降人事考課が導入され、また最近では「学校スタンダード」「授業スタンダード」などの徹底のもとで、子どもの行動・思考パターンがいっそう画一化されていく。これらの手法の導入の結果、教職員集団の弱体化のもとで連帯や同僚性、民主的討議は剥奪され、上位下達の権力関係と管理主義、競争主義が強化される。また教員には〈学校企業体〉という組織に適応した「企業家精神entrepreneurship」を身にまとうことがいっそう求められる。

この精神を体現した「企業家的個人」とは、企業と同一化して、自らの身体と人格そのものである「人的資本」の価値向上をつねにはかり、競争に勝ち利潤をめざす個人である。そのために、まず自己責任にもとづいてたえず自己ケア（例えば健康の維持やスキルアップ）を行い、自己実現を目指してたえず自己を啓発し、自己統治すること（自己の時間や健康管理や感情のコントロールをも含めた）が求められる。教員の場合は、「よりよい教育のために」「子どものために」という名のもとで、いっそうの自己統治・自己責任が求められる。また、企業が自己の社会的責任をアピールするために、人的資源管理を通じて「企業の社会的責任」を引き受ける組織的主体を生産するように、企業家的個人にも他者に対するケアや自己犠牲的なボランティア精神といった非市場的な共同倫理が自己責任の一部として求められる。

第二に、新自由主義教育は、子どもにも「小さな企業家」になるよう呼びかける。一方では、子どもは「資質・能力」の行為主体として、人格を含めあらゆる性質や能力の開発を「何ができるようになるか」という能力主義の視点のもとで求められる。この「呼びかけ」に応えて、子どもは学校と将来の市場に適応しそこで競争するために、自己責任に基づいて自己資本である「資質・能力」を学校でも家庭でもたえず市場的な価値へと高めなければならない。また、これを効率的に行うように、自己統治が強調される。例えば、道徳教科書(二〇二一年度版)すべてに掲載されているオリンピック・パラリンピックに向けてがんばるアスリートたちの多くは、困難や失敗を乗り越えたえず努力しがんばる「強者」(それがたとえ障害者であれ)である。そして、「こんなに頑張っている人がいるのだから、おまえたちも自分の弱さを克服し、絶えず自己努力せよ」と子どもに呼びかけ迫る(例えば、日本文教出版の中学二年の道徳教科書「自分の弱さと戦え」)。弱い者は敗者とされ、弱さを他者と共有しながらも生きていくふつうの人々の生き方は出てこない。この自己統治のために、さらに二つのマネジメントが子どもに要請される。自己の全局面にわたる行為のポートフォリオのマネジメントおよび自己統治のプロセスで生じるさまざまな否定的感情のコントロールと自己安定化である。後者のテクニックとしては、「マインドフルネス」、「アンガーマネジメント」、神経言語プログラミング、コーチングなど多様な心理的操作が「自己テクノロジー」として活用される[4]。道徳教科書でも、こうした自己安定化の手法が導入されている。ここでは、心や感情は社会や他者との関係のなかで生じるものなのに、それが個人の問題へ還元され、①自分の見方を変えれば自分の世界が変わるといった個人的な心理主義と、②感情のコントロールが強調される。

第三に、「資質・能力」論にみられたように、市場競争的な倫理とともに、他者に対するケアや自己犠牲的なボランティア精神といった非市場的な共同体倫理が子どもに求められる。例えば、中学校の道徳教科書では、二つの手法が際立つ。一方で集団や社会との関係できまりや法の遵守や礼儀が求められる。またそのために規律権力が行使される（その典型例が全社共通の「二通の手紙」）。他方でボランティアや労働における奉仕や社会的役割のみが強調される。新自由主義は市場原理と競争原理を和らげ補完する倫理的・道徳的主体の再生産を不可欠とするが、また労働の搾取を隠蔽しそれを強化・合理化するために、労働にも倫理を求める（倫理的労働）。その典型が「清掃はやさしさ」（異なるタイトルで「仕事と心」、「私は清掃のプロになる」）や「掃除の神様が教えてくれたこと」、「あるレジ打ちの女性」などの教材である。

新自由主義教育の浸透の結果、第一に、教員は相互連帯の磁場を奪われ相互に分断され、〈学校企業体〉の規範＝規律からはずれることが困難になる。それどころかその規範＝規律を、〈学校企業体〉と一体化して「欲望」しさえするようになる（〈学校企業体〉への自発的な馴化」）。その結果、子どもに対しても規律や集団行動から少しでもはずれることを許容できなくなる。コロナ禍ではなおさらである。それどころか時には、はずれるものを暴力的に徹底的に排除しさえする（そうした例が、「ゼロトレランス」指導の浸透であり、「指導死」という痛ましい状況だ）。こうして教員は子どもを規律・規範化させ、学習指導要領にしたがって子どもをひたすら「小さな企業家」として共同体化・社会化していくことに邁進するようになる。そのうえ、全国学力テスト体制の下で学校同士や自治体同士が競争させられるなかでは、学校を越えた教員の交流と連帯は阻まれ、教員はますます孤立させられる。

第二に、「エビデンスにもとづく」教育と称して、教育に関するあらゆるものを数値化・技術主義化することで、子どもの生と人格を、その子の他者との関係や社会的背景を含めて丸ごと「在る存在」としてとらえようとする教員の関係的な営みが制限・剥奪される一方で、たえず「資質・能力」とその成果という視点でしか子どもを見ない視野狭窄に陥りがちになる。こうなると、子どもが抱える社会的問題や発達的課題という視点は後景に退き、「何のために教育をするのか」「何のために教育があるのか」という問いすらも日々の多忙な仕事の中で希薄化し、忘れられていく。

第三に、子どもも相互の連帯と共同を奪われ、個々の「群れ」に分断され、時には彼らなりの「社会づくり」の結果である「学級カースト」が裏社会として形成され、それが教員によって管理のために利用されさえもする。また教員に《馴化》し、教員に対しても友だちに対しても承認されるために、意識的に自己を「カムフラージュ」（「自己内閉化」）することで、自己を社会化していく。

三　新自由主義に抵抗する教育的可能性

では新自由主義にどのように教育の場において抵抗したらいいのか。〈学校企業体〉における教育的可能性はどこにあるのか。

まず、〈学校企業体〉には亀裂や矛盾がある。そこでは教員は一方では子どもを丸ごと「人的資本」としてとらえようとするが、他方では子どもが抱える問題から目を背けない限り、子どもに向き合わざるをえないし、子どもを一人の人間主体（権利主体）として丸ごと受けとめ承認することを余儀なくさせられることもある。また子どもを生きた権利主体としてとらえようとすれば、当然自分の周りに浸透している新自由主義的生活様式（競争主義や成果主義、数値化など）に批判的に向き合わざるを得ない。ここにまずもって抵抗の文化と教育の可能性がある。

第二に、新自由主義教育は子どもを規律・規範化し共同体化・社会化しつつ、同時に子どもを新自由主義的主体へと形成しなければならないといった根源的な矛盾を抱え込む。「主体的・対話的で深い学び」がその好例だ。この「深い学び」を子どもの真の主体化につなげられるかどうか、それが今問われている。そのためには、学習を通じて子どもを社会に適応させることを中断する可能性を開く「中断の教育学」[5]が必要だ。子ども同士のやり取りや子どもと教員とのやり取りのなかで、ある子どもが独自の相貌をもって立ち現れる瞬間や、既成の学級共同体にはない独自の「声」（主張や思い）

が発せられる時がある。その時が中断の可能性なのだ。すなわち、その瞬間や声をマジョリティへと投げ返すことで、マジョリティの共同体にざわめきを与える。その時に子どもたちが既成のペルソナ（仮面）を脱ぐことがある。ここに適応としての学習者から主体的な学習者へと転換する可能性がある。また教員は異質な文化的他者として、教科学習や生活指導での対話のなかで、子どもたちにとって異質なものの見方や考え方、子どもを異化させるものを提示することで、子どもたちの日常的な思考・行動に攪乱や抵抗を引き起こすことができる。もちろん、そのためには、子どもを独自の権利主体として承認しあう民主主義が学級に必要だし、それぞれの子どもが独自のペルソナを垣間見せることができる安心と安全な空間が必要だ。

第三に、新自由主義教育を推進すればするほど、子どもたちの生活がますます不安定化し、「生活の内閉化」や「自閉化」がますます進行し、「保守的な生活」に陥っていったり、共依存的な友だち関係に陥ったりするという矛盾が出る。ここには、家族の一体化や排他的な愛国心など伝統的な保守的な価値を受容しやすい土壌がある。しかし、同時に教員たちはこの生活の内閉化のうちにある肯定的側面を認めながらも、子どもたちの「身内」の生活や自閉化した生活を外（学級社会や社会）へと開いていく回路を日々の教育実践のなかで作り上げることができる。例えば、「身内」の世界とは違った子どもの世界に気づかせたり、「身内」の問題が実は社会にもつながっていることを学ばせることは、子どもたちの閉じた回路を開いた回路へつなげる契機になる。

四　人間が根源的にはらむ脆弱性・依存とケア

だがそうした可能性の芽を現実化するためには、新自由主義的な人間観や教育観を脱構築し、それとは異なる新たな観方を紡がねばならない。そのために、コロナ禍でも浮き彫りにされた、人間の生が根源的に抱える「脆弱性」へと深く降り立って考えてみよう。

人間は根源的に「脆弱性」を抱えている。[6] まず何よりも、類としての人間は「自然的＝身体的存在」として自然につねに依存し、それを衣服・食糧等に加工したり、「第二の自然」（社会的自然および文化）へと作り変えることによってしか生きながらえることができない。また、この社会的自然および文化を次世代につつがなく社会的に遺贈しなければ、類として生き延びることができない。それだけではない。人間はこの地球上で起こる様々な自然災害（地震、津波、火山の爆発、ハリケーンやウィルスなど）のリスクを完全になくすことはできない。その意味では、人間は自然に対しては根本的に「無力」である（エコロジー的脆弱性）。

第二に、個体としての人間は、偶発的にか人為的にか受精させられ、幸運であれば胎内で育てられ、「あるお母さんとお父さんの子ども」として産みだされる。そして、生物的身体として社会の中で成長するなかで時には病気にかかり、高齢になれば持病を抱え、しだいに機能や能力を喪失し衰え、最終的には死んでいく。この生得的＝身体的な脆弱性は、完全に根絶することはできないが、この脆弱性があるからこそ、人間は他者の脆弱性に何らかのしかたで応答し、手を差し伸べたりケアしたりしようとするし、そうせざるをえない。

だが、こうした依存性とケアの必要のゆえに、とくに社会的弱者はつねに「二次的な脆弱性」に晒されかねない。例えば、大人が虐待や貧困といった社会的な困難を抱えている場合には、その子どもも彼らからの恣意的な応答に晒されやすく、ネグレクトされたり、心身の暴力を受けたりするリスクが高い。この二次的脆弱性は、差別的な社会構造（「構造的暴力」）下で人為的につくりだされた社会的弱者にとくに強く現れるという点で、社会的脆弱性である。

以上の三つの脆弱性はエコロジー的脆弱性を基底に置きつつも相互に絡みあいながら、最終的には個人の身体に凝集され、個人的な脆弱性として体験される（「パーソナルな脆弱性」）。例えば、「苦しみ」はそれ自体としてあるわけではなく、その個人が家族や社会の関係のなかで生育過程をとおして獲得してきた性格や気質、規範、および社会的・医学的サポートのあり方などによって、さまざまだ。しかも、この苦痛が周りの大人や友だちの間で社会的に承認されなければ、当人はますます無力感を抱え自尊心を失い、時には精神的な病理すら抱えてしまう（「病理的な脆弱性」）。

こうした「脆弱性―依存性―ケア」が人間の不可避的な根源的なあり方であるとすれば、人間は、新自由主義が想定し要請する「自己完結した自律的で自己責任を負う個人」ではありえない。むしろ、個人は脆弱性を抱えるがゆえに、胎児の時期から他者との社会的関係の中に織り込まれ、相互に依存しつつ支えあう個人としてある（「社会的・関係的個人」、「相互に依存した個人」）。また、脆弱性のありようも個人によって多様であり、個人の間にも能力差があるとしても、誰もが何らかのかたちで依存者になる。こうした差異や依存があるからこそ、個人の能力もまた、他者と「ケアする―ケアされる」関係を紡ぐなかで形成される「社会的に構成された能力[7]」としてあるし、日常的にも他者や社会のさまざまな介助・サポートによって「相互に補完しあう能力」としてある（関係的能力）。だとするならば、発達もまた個人的な発達としてではなくて、まず何よりも関係的発達としてとらえ返されるし、「自律」も「自己責任」もまた、依存とケアの関係性のなかで育まれ支えられながら形成される「関係的自律」や「関係的応答責任」としてとらえ返されるだろう。

おわりに――脆弱性とケアにもとづく教育

では教育とはいったい何であろうか。まず類としての人間のレベルでみれば、人間は生きるために日々の労働と再生産労働（生殖、家事・育児など）を介して生命の生産と再生産を行うのみならず、自分の周りに創り上げてきた社会的な環境と文化を新世代に伝達し継承させていかなければならない。だが、この世代交代は「文明社会にたいする自然界の内側からのゆさぶり[8]」として、つねにリスクや葛藤をはらむ。旧世代は、新世代の生命を世界から保護・ケアしつつ、新世代に今の文化を破壊することなく受け容れ継承するようにしてもらわねばならない。しかし、新世代がただ従順にこの文化を継承するだけでは、人類は自然と社会の変化に十分に対応することができない。そのためには、旧世代の文化に対する抵抗と批判による継承が必要となる。また、旧世代は、新世代が文化の最良のもの（例えば、平和と人権など）を継承し、文化の負の遺産（戦争、暴力、差別など）を継承しないようにしなければならない。このリスクや葛藤を回避するために自然に対して脆弱な人間がつくり上げてきた「防塞」が、教育という共同体的・社会的な営みなのである。

次に個人のレベルでは、教育は子どもの脆弱性と依存に対する応答としてのケアを基盤に持つ。まず、ケアも教育もともに、相手が自分では満たしえないニーズを満たしたり、自分では気づかないニーズを掘り起こす援助をしたりして、相手の「善き生を願い、その善き生を促進するために行為する」[9]という点で共通する。次に、ケアする者とケアされる者、教育する者と教育される者との間に権力格差がある点でも両者は類似する。だが、教育はケアに解消しえない。教育ではケアされる者とそのニーズを必ずしもつねに「あるがままに」受け容れるわけにはいかないからである。文化の継承を危うくしたり破壊したりするようなニーズをあるがままに受け容れるわけにはいかず、子どもの学習をつうじて教育的に導いていかなければならない。

また発達的に見れば、教育はたしかにその基底と端緒にケアを含んでいても、子どもが成長するにつれて次第に、対面的な教育的な相互作用のなかで、子どもの学習を介して、子どもが自ら満たすことができないニーズを満たし、自分では気づかないニーズを掘り起こす営みへと重点を移していく。つまり、ケアを重点とした教育（ケア的な教育）から教育を重点としたケア（教育的なケア）へと変わっていく。

以上の検討から、教育とは、「抑制された『垂直的』―相互的なケア」の関係の中で、生命の安全・安心を保障しつつ、教授と学習を介して、子どもの「自分では気づかない学習・教育的ニーズ」を掘り起こし、「自分で満たすことができない学習・教育的ニーズ」に教育的に応答し必要な援助を与えることであり、子どもが「善き生」を他者との関係の中で豊かに育みあうことをケアし援助する営みであると言えよう。ここでは教員は子どもが抱えている人格的課題には深い配慮を払いながらも、その子の人権と関係の中で支えられた自己決定にもとづいた行動とを徹底して尊重する。この意味で教員と子どもとの関係はつねに抑制的でなければならない（もちろん、この「必要な援助を与えること」は、教員の権力性ゆえに、教員に義務として課せられ続ける）。

また、すでに述べたように、教育は子どもを社会への適応者に育てるものではない。むしろ教員は、子どもの日常生活での思考と行動に対して「異質な文化的他者」として立ちはだかり、教材や生活指導をとおして異質な世界を提示することで、子どもたちに学習への適応者から学習主体になるきっかけ・可能性を与えなければならない。

注

（1）池谷壽夫「『資質・能力』論の危険性」『季論21』第四五号、本の泉社、二〇一九年。

（2）OECD 2018. *The Future of Education and Skills Education 2030, The Future We Want*. 文部科学省初等中等教育局教育課程課教育課程企画室「教育とスキルの未来：Education 2030【仮訳（案）】」、『中等教育資料』、二〇一八年五月号。

（3）本田由紀「『資質・能力』のディストピア」『人間と教育』第一〇三号、民主教育研究所。
（4）Binkley, Sam. 2014. *Happiness as Enterprise - An Essay on Neoliberal Life*. Sunny Press; Pykett, Jessica et al. 2018. *Psychological Governance and Public Policy: Governing the mind, brain and behavior*. Routledge.
（5）ビースタ、ガート『よい教育とはなにか――倫理・政治・民主主義』藤井啓之・玉木博章訳、白澤社、二〇一六年。
（6）池谷壽夫「『脆弱性（Vulnerability）』とは何か」『哲学と現代』第三〇号、名古屋哲学研究会、二〇一六年。
（7）Mackensie, Catriona, Rogers, Wendy and Dodds, Susan eds. 2014. *Vulnerability: New Essays in Ethics and Feminist Philosophy*. Oxford University Press, p. 17.
（8）中内敏夫『新しい教育史』新評論、一九八七年、一五頁。
（9）ノディングス、N.『ケアリング　倫理と道徳の教育――女性の観点から』立山善康他訳、晃洋書房、一九九七年、三九頁（ただし訳は変えてある）。

憲法を学ぶ意義と学習・教育の自由

中嶋哲彦

一　知識としての憲法と、実践としての憲法

私は教育行政学や教育制度論の講義の冒頭、数コマをつかって、日本国憲法の成立と基本原理、そして戦後教育改革の意義をひとしきり講義した後に、各科目固有の内容を展開する。

その際、いつも痛感するのは、「憲法の三大原理＝国民主権・基本的人権の尊重・平和主義」という受験勉強的公式だけは記憶の片隅にとどめていても、その意味や意義を説明できる学生はあまりにも少ないということだ。

その学生たちに、小林多喜二の虐殺や戸坂潤の獄死の例を示しつつ、日本国憲法制定前の日本では、思想良心の自由・表現の自由・学問の自由が踏みにじられ、人身の自由さえ日常的に脅かされていたことを紹介すると、食い入るように聞き入る。多くの学生から、こういったことはこれまで教えられ

なかったし、知ろうとしなかったことを恥ずかしく思う、といった感想が寄せられる。

ところが、日本学術会議が推薦した会員候補者六人について、菅首相が任命を拒否し、その理由さえ明らかにしないことを紹介し、その憲法的意味を説明しても、多くの学生が机にうつ伏せになってしまう。小林多喜二や戸坂潤の上に起きた数十年前の出来事に心を動かす学生たちが、今まさに自分自身の前で起きている事態を見過ごしてしまうのだ。

知識を獲得することと、その知識を自分自身が今を生きる糧として活かすことの間には、大きな溝がありそうだ。憲法は、民衆の生きるという実践的行為のなかで歴史的に生み出されたものだ。その歴史的営みの果実を享受する私たちの努力によらなければ、次の世代にこれを受け渡すことはできない。堤防の決壊は蟻の一穴から始まる。今を生きる手立てとして憲法を生かさないことには、憲法を学ぶ意味はないし、憲法を真に理解することもできない。

二　安倍政権の教育政策と憲法

二〇二〇年九月一六日、安倍晋三氏が内閣総理大臣を辞任した。安倍氏は二〇〇六年九月二六日から二〇〇七年九月二六日までと、二〇一二年一二月二六日から二〇二〇年九月一六日まで内閣総理大臣の職にあった。内閣総辞職に追い込まれるほどの問題を数々抱えながら、戦後最長政権となった。

二〇〇六年の教育基本法「改正」と繰り返し主張した改憲論が示すとおり、安倍政権は憲法と教育を攻撃し続けたが、安倍政権に対する国民の支持は高く、戦後最悪の政権の存続を許した。

安倍政権の教育政策には、個人の価値より国家の利益を重視する国家主義の思想が濃厚に流れていた。教育はほんらい、子ども・若者一人ひとりの個人としての価値を尊重し、それぞれの個性的な人格形成を支えるものでなければならない。日本国憲法にも、「すべて国民は、個人として尊重される。生命、自由及び幸福追求に対する国民の権利については、（中略）最大の尊重を必要とする。」として（第一三条）、国民一人ひとりの個性的な生き方や多様な価値観を尊重し、国家によって特定の生き方を押し付けられることなく、自らが望む個性的な人生を選択し、幸福を追求する権利を保障している。これは、戦前戦中国家の利益のために個人に犠牲を強いた国家主義への決別であった。

安倍政権の教育政策は、第一三条をないがしろにして、国家優先の思想を教育に持ち込もうとするものだった。たとえば、二〇〇六年の教育基本法「改正」で新設した第二条（教育の目標）に愛国心の育成を書き込み、二〇一五年の学校教育法施行規則「改正」では小中学校の「道徳」を教科化した。また、高校の「現代社会」を廃止して新設した「公共」では、公共という概念を批判的に検討することなく、「公共」という外被をまとった国家への貢献を引き出そうとしている。さらに、教育勅語が日本国憲法と旧・教育基本法の制定を通じて廃棄されたという事実を無視して、学校の授業で教育勅語の徳目を肯定的に扱うことを認める答弁を繰り返した。

国家主義的教育政策の背景には、安倍流「教育改革」と改憲とを一体のものとして推し進める狙いがあった。大日本帝国憲法（一八八九年）と教育勅語（一八九〇年）がセットで登場したように、安倍政権にとって憲法と教育は一体のものだった。平和憲法の否定・基本的人権の制限・行政権の強大化が国民の自由を制限するものであるとすれば、安倍流教育「改革」は個人の自由な人格形成を根底から支配しようとするものだ。ここには、子ども・若者が迷いつつ自分の価値観を形成していく機会を奪い、国家の利益にかなう行為規範を内面化する狙いがある。

国家主義が最も強く表れたのが、第一次政権発足直後の教育基本法改正だ。とくに、新第二条として「教育の目標」を新設し、愛国心の育成を教育の目標として押し付けたことは重大だ。また、旧第五条の「男女共学」は、「すでに達成されている」として削除された。「男女共学」とは、男女が単に学びの場を空間的に共有するということではなく、性によって教育目的や内容を区別されることなく、したがってジェンダーに縛られることのない自由な人格形成の機会を保障しようとするものだ。安倍政権はしきりに「女性活躍」を強調したが、それには女性の人的資源化と女性票の取り込み以外に、何か積極的な意義があっただろうか。

さらに、第一次安倍政権の教育政策が愛国心教育など古い国家主義を柱とするものだったとすれば、第二次安倍政権の柱は産業経済のための人材養成を優先する新しい国家主義だった。第二次安倍政権は、①「経済再生」の文脈で「教育再生」を強調し、②学校教育を人材育成の装置に変えようとしただけでなく、③学校教育を民間企業に開放し、とくに教育産業やＩＴ企業に莫大な利益獲得の機会を提供した。安倍政権は教育政策を経済産業省主導で、経済産業政策として強引に進めた。

しかし、民間企業への市場開放ありきで進められた大学入学共通テストへの民間英語試験の導入は、実施直前になって破綻したし、経済産業省主導で進める民間企業による教育コンテンツの配信サービスには文部科学省でさえ消極的だ。ＩＣＴ（情報通信技術）を利用して子どもに自学自習させる教育コンテンツは、物事を理解したり問題を解決したりする学習活動を、あらかじめ決められた思考の道筋に沿わせることで効率化させようとするものだ。これでは、子どもの自由な創造や思考は育たないし、教師の教育専門的力量も衰退しかねない。

他方、「教育の無償化」のように、教育費負担に苦しむ国民の願いに応答しているように見える教育政策も目立った。しかし、「高等教育の無償化」政策は、授業料の全額補助と返済の必要がない給付制奨学金を内容とするが、支給対象は生活保護世帯またはそれに準ずる世帯のように経済的困窮度がかなり高い世帯に限定されている。しかも、入学後の成績が基準以下になると打ち切られるし、さらに学修を深めたくてもこの制度は大学院生には適用されない。ほどほどの大学等に入学し、ほどほどの向学心で、標準在学年数で卒業し、冒険は避けておとなしく就職することが求められている。

日本国憲法には、生存権や教育を受ける権利が保障されている。教育基本法は、経済的地位による教育上の差別禁止を定めたうえで、経済的理由によって修学困難な者に対する奨学の措置を講ずるよう、国・地方公共団体に義務づけている。安倍政権の「教育の無償化」政策は、これらの要請に応えているように見えるかもしれないが、これまでなら授業料免除を受けられた所得層を「支援」の対象から除外したり、「支援」の代償として進学先や学修内容そして卒業後の進路の選択が狭められたりしており、日本国憲法が保障する教育の自由と平等が保障されているとは言えない。

三　学習と教育の本質と人権性

人間にとって学習とそれを支える教育は、一個の人格として主体的に生きることに関わる、個としての生活過程であるとともに、世代を経て生命と文化を受け渡す類（るい）としての生存過程でもある。人間は学習・教育を通じて自分自身を創造するとともに、社会を形成してきた。この意味で、学習・教育は人間存在の本質に関わる営みであり、人間の生活と生存の中核に位置づく。今日では、このような認識を基礎にして、憲法や法律に学習・教育に関する明文規定があろうとなかろうと、国民には生得的権利として学習し成長発達する権利（学習権）がひとしく保障される、という学習権思想が成立している。最高裁判所は、次のように述べて、学習権思想を一九七六年の北海道学テ訴訟判決に取り入れた。

「この規定（日本国憲法第二六条①、教育を受ける権利）の背後には、国民各自が、一個の人間として、また、一市民として、成長、発達し、自己の人格を完成、実現するために必要な学習をする固有の権利を有すること、特に、みずから学習することのできない子どもは、その学習要求を充足するための教育を自己に施すことを大人一般に対して要求する権利を有するとの観念が存在していると考えられる。換言すれば、子どもの教育は、教育を施す者の支配的権能ではなく、何よりもまず、子どもの学習をする権利に対応し、その充足をはかりうる立場にある者の責務に属するものとしてとらえられているのである。」（括弧内筆者）

また、一九八五年のユネスコ成人教育会議の学習権宣言（Right to Learn）は、自分の生きる世界とその歴史を客観的に認識し、それらを主体的に変革する力を獲得する過程として学習を捉え、学習権をすべての人に保障されるべき権利であると宣言した。

「学習権を承認することは、今や、以前にもまして重大な人類の課題である。

学習権とは、

読み、書きできる権利であり、

疑問をもち、じっくりと考える権利であり、

想像し、創造する権利であり、

自分自身の世界を知り、歴史を書き綴る権利であり、

教育の諸条件を利用する権利であり、

個人および集団の技能を発達させる権利である。」（平原春好訳）

学習権宣言では、学習を、学校教育を通じた知の獲得や技能の習得に矮小化することなく、人間が社会と自分自身の生の主体として生きるための知的・文化的な力の獲得過程と捉えている。とりわけ、学習権を「自分自身の世界を知り、歴史を書き綴る権利」と説明する視点は重要で、ここには政治的抑圧と経済的搾取・収奪の下に置かれた人々にこそ学習の機会が保障されなければならないという、

学習権・教育を受ける権利の本質が表現されていると見るべきだろう。

　メキシコの野外芸術学校で指導的役割を果たした北川民次の「本を読む労働者」（一九二七年、郡山市立美術館所蔵）には、屋外の粗末なテーブルに向かい、開いた本に目を落とす貧しい労働者の姿が描かれている。この絵画は、当時のメキシコ民衆の現実の姿を描いたものというより、民次や民衆の学習・教育への願いを描いたものと見るべきだろう。さらに、メキシコ人画家フェルナンド・カストロ・パチェコ（Fernando Castro Pacheco）の版画「民衆の要求と反動勢力の脅威」（Las demandas del pueblo y las amenazas de la reacción、一九四七年、ロサンジェルス郡美術館所蔵）には、土地と灌漑と教育を求める民衆デモが描かれている。学習と教育は自己解放の目標でも手段でもあったのだ。

　読者はここで、次のように考えるかもしれない。学習・教育が人間にとってそれほど本質的な事柄であって、人間が人間であるということだけを根拠に学習の機会が保障されると言うなら、敢えてそれを法的な権利として主張する必要はないではないか、と。あるいは、逆に、現実には学習・教育の権利性を侵害する政策や行政が横行しているのだから、学習・教育の権利性は実質を伴わない建前にすぎないのではないか、と。

　しかし、人間は自らの生活・生存にとってどれほど本質的かつ重要な事柄であっても、それが自らの生活・生存にとって本質的かつ重要なことであるとの認識を欠けば、それを自らの権利として認識することはできない。逆に、学習・教育の機会が制約されまたは奪われることの否定的意味を実感することで、人間は学習・教育が自らの要求であることを自覚する。そして、公権力がその要求に応えず、あるいは要求が公権力によって抑圧されたとき、人間はその要求内容を法的な権利として認識する。そして、その要求を実現するためには、民主主義的手段を通じて公権力を制御しなければならないと考え、自らを政治的主体として自覚できるようになる。

したがって、学習・教育を通じて自らの知的・文化的能力の向上が実感できず、逆に自己の人格が傷つけられていると感じるような学習・教育環境のなかに置かれた人々にとっては、公教育制度は抑圧装置にほかならず、学習・教育が権利であるという言説に同意することは到底できないだろう。だからこそ、学習・教育が自らの権利であることを実感できるよう、豊かな学習・教育体験が保障されなければならないのだ。

学習権思想は、学習・教育の権利性が現に実現しているから誕生したものではなく、逆にそれらが不当に制約され不法に奪われる現実があったからこそ、その現実を変革する思想として成立したのである。戦後日本で学習権思想が誕生し、多くの教育裁判や教育運動の理論的・実践的な柱になった事実は、学習・教育の権利に対する深刻な侵害が広がっていたことと符合する。このことは他の基本的人権についてもまったく同様であり、またこのような歴史的道筋を経ることで、国民は自らを基本的人権の主体としてまた主権者として自覚したのである。

ここで一旦前後の文脈から少しだけ離れて付言すると、人権主体教育・主権者教育においては、①世界（自然・人間・社会）の科学的認識の獲得、②人間的価値の自覚と考察、③自他の人間的要求の自覚と調整、といった力を育てることが課題として追求されるべきだろう。たとえば、それ自体としては高い人権侵害性が疑われる「特別の教科道徳」でさえ、考え話し合う活動を工夫することによって、①明確な自覚に至っていない自分自身の人間的要求を認識することで人権主体として成長する端緒をつかみ、②自他の要求を認め合い必要なときは調整し合うことで主権者として行動を学ぶ教育実践に転換させる可能性があるのではないか。

四　教育を受ける権利と教育の機会均等

日本国憲法には教育について直接定めた条項として第二六条がある。同条は、第一項で国民一般の教育を受ける権利を、第二項で保護者の教育を受けさせる義務と義務教育の無償を定め、すべての国民に対してひとしく教育を受ける権利を保障している。分節化して言えば、①戦前においては臣民の義務とされた教育を国民の権利へと転換し、②すべての国民においてその権利が充足されるよう必要な施策を積極的に講ずることを国家に義務づけたのである。これを受けて、教育基本法（旧第三条、新第四条）では、教育の機会均等を基本理念とする教育制度を樹立することとしている。

「すべて国民は、ひとしく、その能力に応じた教育を受ける機会を与えられなければならず、人種、信条、性別、社会的身分、経済的地位又は門地によって、教育上差別されない。」（新・教育基本法第四条第一項）

この規定は、①人種・信条・性別・社会的身分・門地などによる差別禁止（日本国憲法第一四条、法の下の平等）にとどまることなく、②経済的地位による教育上の差別禁止と国家の積極的施策による経済的地位を理由とする教育上の差別解消、③能力を理由とする教育上の差別禁止と能力の発達の必要に応じた教育の保障、を定めたものと解される。仮に教育を受ける権利が上記②を含意しないとすれば、公費支出による高校・大学無償化はもとより、義務教育における教科書無償や就学援助さえ存続が危ぶまれる。また、③を含意しないとすれば、能力（障害を含む）による差別・選別を容認する一方、いわゆるグローバル人材育成に重点化した教育制度への再編を許容することになりかねない。

戦後日本の公教育の発展は、一面において、国民の学習・教育要求の質的・量的拡大を基礎として、教育を受ける権利を充足すべく教育制度を整備する過程であった。しかし、他面において、日本資本主義の復活・発展に対応して、時々に必要とされる労働力を産業界に供給するとともに、資本主義的大量生産・大量消費を支える消費者を創出することなど、経済・産業からの要求に忠実に応えてきたことも見落としてはならない。したがって、教育の機会均等は、教育を受ける機会をすべての国民に平等に保障する制度原理であるとともに、資本主義的生産に必要な人材を国の隅々から発掘し資本主義的生産過程に供給する教育制度を基礎づける原理としても機能してきた。戦後日本の公教育はつねにこの二つの相矛盾する要因を内包し、両者の葛藤が展開する場であった。

しかし、この二〇年ほどの間に、新自由主義的構造改革プロジェクトが公教育の領域でも本格的に展開し始めたことにより、教育の機会均等をめぐる状況が激しく変化している。このプロジェクトの要は、①公教育・社会保障など社会権保障に関連する国家財政支出を削減する一方（福祉国家的国民統治に要するコストの削減）、②国家財政支出の重点を資本の国際競争力強化（資本蓄積）に移すとともに、③公的・公共的機関が担ってきた公的サービスを私企業の利潤獲得手段に転換することにある。公教育の領域でも、学校統廃合、特定教育機関（指定国立大学や高校のＳＳＨ・ＳＧＨ）への公教育費の重点配分、公立図書館などの営利企業などへの管理委託、ＧＩＧＡスクール構想におけるＩＴ機器の大量購入と教育コンテンツの商品化、といった形で展開している。これらにより、公教育制度のあらゆる場面で教育機会の不平等が事実として急速に進行している。

さらに、これらに伴って、学習・教育とその権利性をめぐるイデオロギー状況も変化しつつある。学習・教育の商品化や教育機会の格差的分配が進むなかで、教育を受ける権利から本来の意味が脱落または希薄化し、排他的・競争的教育制度の下で有利な学校を選択する権利とか、受験における得点力の向上に役立つ教育を受ける権利というような読み替えが起きている。したがって、国民の憲法意識が新自由主義的社会文脈に照応するものに変質させられてしまう危険性に注意を払うことなく、現行憲法の条文を擁護するだけでは、憲法の内実が抜け落ちてしまうだろう。

五　学習・教育の自由

憲法に定める基本的人権としての自由は、国家成立以前から存在する人間に固有の権利として公権力からの自由を意味し、その自由の領域における公権力の不作為を求める権利である。学習・教育の自由もそのひとつである。学習の自由とは、公権力による学習の目的・目標・内容・方法などの不当な押し付けを退け、それらを国民自ら選択する自由である。たとえば、学校において特定の政党を支持しまたは反対する教育が行われたときは、国民はその教育を甘んじて受ける必要はなく、それを拒否する権利を有すると考えられる。教育の政治的中立を侵害する国家関与は許されない。つまり、教育の自由とは、親が子を教育したり、教師・社会教育主事などの教育専門職にある人が教育活動を行ったりするとき、公権力による不当な介入を受けない自由である。

しかし、教育基本法の不当な支配禁止条項（旧第一〇条、新第一六条）があるにもかかわらず、現実には国家（地方教育行政を含む、以下同じ）による学習・教育に対する不法・不当な支配統制は、教科書検定による知の統制、学習指導要領による教師の教育実践の統制、保護者・住民の教育意思の系統的排除、ＰＤＣＡ目標管理体制、スタディ・ログによる学習と人格の管理など、止むところを知らない。

ところで、学習・教育の自由は、公権力による学習・教育への不当な支配に対抗する法理として重要であるにもかかわらず、日本国憲法には学習・教育の自由について直接定める規定は見出せない。諸外国の憲法もほぼ同様の状況にある。このため、日本では、上述のとおり、教育を受ける権利の背後には憲法以前の生得的権利として学習し成長発達する権利（学習権）が保障されるとの観念が存在するとして、あるいは幸福追求権、思想良心の自由などを援用することで、日本国憲法の下でも学習・教育の自由が承認されなければならないと主張されてきた。

このことは、近代ブルジョア憲法の自由権が、市民的自由の領域への国家の不介入・不作為を保障する権利であることと深く関連している。近代ブルジョア憲法においては、信教の自由や思想良心の自由を基本的人権として定め、個人の人格形成に関わる宗教や教育への国家介入を排除することで、差し当っては親の子に対する教育の自由を確保した。しかし、国家を排除して成立する自由の領域において学習・教育を享受できるのは、金銭的にも国家に依存することなく私教育の機会と場を私的に調達できるブルジョアジーに限られ、一般民衆はこの意味での教育の自由からは疎外されていた。

ここで言う教育の自由とは、国家を排除することで成立する、家庭教育の自由、私立学校設置の自由、私立学校選択の自由であった。ドイツ連邦共和国憲法（ボン基本法）には、「親権者は、子どもを宗教の授業に参加させることについて、決定する権利を有する。」（第七条②）、「私立学校を設立する権利は、これを保障する。（以下略）」（同④）といった明文規定が置かれているが、この意味でのブルジョア的自由としての教育の自由は、憲法に「教育の自由」条項を特設するまでもなく、信教の自由や思想良心の自由によってすでに確保されていたと考えられる。

他方、一般民衆は、教育の自由を行使する場としての私教育を自力で確保する経済力をもたないがゆえに、公費による公教育の実施、すなわち義務教育の無償制や教育の機会均等を国家に求め、公費による教育の保障を基本的人権として認識した。しかし、それが基本的人権の一つとして憲法上承認されるのは、資本主義の矛盾と労働者階級の勢力拡大を反映して、ブルジョア的自由の保障と制限的な参政権を柱とする近代ブルジョア憲法が修正されるのを待たなければならなかった。ドイツのワイマール憲法は言うまでもなく、日本国憲法もその一つだ。日本国憲法には社会権的基本権として、生存権・教育を受ける権利・労働権・労働基本権（第二五～二八条）が定められている。これらは、資本主義の本質的矛盾の体制内的解決形態として、社会経済的に不利な地位にある民衆に人間らしく生きる権利を保障するため国家に社会経済諸過程への積極的な関与を義務づけるものである。

ブルジョア的自由として成立した教育の自由と、一般民衆が求めた社会権的基本権の一つとして成立した教育を受ける権利とは、異なる歴史的文脈で、異なる社会勢力の要求として登場したものだ。とはいえ、社会権的基本権である教育を受ける権利が充足されるよう国家に対して積極的な条件整備を求めることと、学習・教育を国家が立ち入ることのできない個人の自由の領域として確保することとは、本来矛盾するものではない。先に紹介した北海道学テ訴訟判決において最高裁判所が、教育を受ける権利の背後に、国民各自が、一個の人間として、また、一市民として、成長、発達し、自己の人格を完成、実現するために必要な学習をする固有の権利を有すると判示したのは、差し当たっては社会権的基本権に分類される教育を受ける権利の根底に、個人の人格形成の自由つまり教育の自由が存在することを認めたものだ。

しかし、現実には、国家は公教育への関与を契機として、国家からの自由が確保されるべき学習・教育過程への不当な介入を続けてきた。たとえば、教育機会均等と教育水準の維持向上を理由に、国家による教育内容統制が正当化されてきた。ここで、学習・教育の自由が十分機能しないのは、憲法上の自由は今日でもなお、市民の自由な活動領域への国家不介入を意味し、その自由な活動は市民自身が担い、その活動を支える物質的・財政的基盤は国家に依存することなく、市民社会内部で調達しなければならないことと密接に関連している。これを反対側から言えば、社会権の領域にも市民的自由を確保するためには、近代ブルジョア憲法の自由権とは異なる自由の論理を創造する必要があるということになるだろう。

なお、国家が関与する公教育に学習・教育の自由を確保する論理として、学校選択論やチャータースクール制度が主張されている。前者は、学校を公費で設置運営する仕組みを維持したまま、個々の児童生徒・保護者による学校選択を認めることで、学習・教育の自由が確保できるとするものであり、後者は従来の公立学校とは異なる理念・方針に立って私的団体等が公費を受けて公立学校を設置運営することを認める制度だ。これにより、公立学校での教育への国家関与を排除しつつ、一般市民が上記のブルジョア的自由＝学習・教育の自由を享受できるというわけだ。しかし、これらは学習・教育の目標を市場的価値の高い労働力の創出・獲得とする教育政策と同時に進められており、学校はこれに照応する目標管理と評価制度によって統制され、国民もまた排他的な学力・学歴獲得競争に駆り立てられている。つまり、学習・教育の自由そのものがすでに囚われの身となっており、ここに真の自由を見出そうとする試みには展望はないだろう。

#「資質・能力」規定と学力・人格を目標管理する政策の展開
――学力と人格をどう結びつけるか

佐貫　浩

この三〇年間のグローバル資本主義の下での新自由主義化が進展した。新自由主義は、グローバル化した巨大資本による権力の再掌握とも言うべき国家権力の構造変容を背景として、国家的福祉制度の縮小による生存権保障の「自己責任」化、グローバル資本の利潤拡大に対する手厚い国家的支援システムの形成等を進める政策と理念の総体を指すものと把握すべきものである。その結果、社会の格差・貧困が拡大し、その土俵で、コロナパンデミックが、多くの命を危機に曝している。

その教育政策においては、第一に、人間を労働能力の所有者、人材として一面的に捉え、グローバル資本の戦略から要請される人材形成がめざされる。第二は、国民が、現代の新自由主義社会の価値観や秩序を主体的に内面化し、それを自ら積極的に担うような規範、行動様式――その中心に、自己責任化された競争社会を主体的に生き抜いていく「ホモ・エコノミクス（経済人）」像がある――の担い手を育てることである。第三に、新自由主義は、軍事大国化を進める国家主義、排外主義的ナショナリズム、民主主義を後退させる強権的支配などのイデオロギーや手法と結びつきつつ、国民をこの体制に包摂し、国家政策への同意を調達する教育を目標とする。

これらの目的を実現するために、二一世紀に入り、学力の質を直接国家政策が規定し、その達成を目標管理する方向へ一挙にターンした。ＰＩＳＡ学力の国際的競争の中で、グローバルな学力競争に勝つことが国家政策の責務ととらえるような変化が生まれ、学力テストで学校教育の達成度を目標管理する国家の役割が肯定されるような雰囲気も広がっている。教師は、ＰＤＣＡで、その目標達成への忠誠を競わされ、学校は国家から提示された学力目標を達成する「教育工場」化されようとしている。学習指導要領には「資質・能力」規定が組み込まれ、「学力」に加えて「人格」までもが、政策で規定され、目標管理の対象とされるような事態が生まれている。

一　「教育目的」と「学力」の性格の変転

二〇世紀の「人的能力開発政策」では、学力理念の提示に止まっていた。しかし二〇〇〇年代に入ってからの学力政策は、教育の内的事項としての学力内容を具体的に教育目標として規定し――二〇〇六年の教育基本法改悪による第二条「教育の目標」規定の設置、二〇〇七年の学校教育法改定による第二一条、三〇条などで学力内容を法定化――、その達成度を学力テストで計測し、目標管理するようになった。そして教科書検定で教育内容を方向づけ、学校教育の展開過程にＰＤＣＡシステムを組み込み、教師の勤務評定とも連動させ、強力な統制と管理を及ぼし始めた。学力は、その達成度を目標管理すべき政策概念へと組み込まれた。さらに学習指導要領に「資質・能力」規定を組み込み、学力に加え、人格もまたそのような目標管理される政策概念へと包摂されつつある。[1]

1　新自由主義政策、その学力政策の特質

新自由主義教育政策は、市場的競争の導入に止まらず、安倍内閣による教基法の改悪、学力テストの実施（二〇〇七年から）などに見られるように、驚くほどに強権的な管理の手法と結びついている。二〇〇〇年代から行政や教育に導入されたＮＰＭ（ニューパブリック・マネジメント）やＰＤＣＡシステムは、権力の設定する目標の達成度を数値評価して目標管理する行政の手法として導入された。その支配と管理は、政策に抵抗する「違反者」「抵抗者」を発見して罰するというピックアップ方式ではなく（もちろんその手法は必要に応じて行使されているが）、公教育の全ての内的プロセスに政策が実現しようとする価値と規範を押し当て、評価し、その達成度に「信賞必罰」[2]の処遇を行うという方法で遂行されている。[3]それは、人間が働き生きるその根幹に組み込まれた支配の仕組みを受容させ、意欲を持って主体的にその課題を遂行する者により多額の賃金や地位を分け与える仕組みである。その仕組みに抗う者には、労働や職務上の地位を奪うような処遇が割り当てられもする。前安倍内閣で官僚機構の内部に蔓延した忖度による文書改ざん、偽証言などは、その仕組みの最も腐敗した結果であろう。それは、公教育における教育実践の自由、教師の専門性による教育的価値の探究、子どもの

学習権の実現を妨げ、権力による規範や価値の緻密な統制を呼び寄せる。

2 「資質・能力」規定の意味

「資質・能力」という言葉は一九七〇年代から中教審でも使用されており、また改正教育基本法に「資質」概念が書きこまれたが、今日の教育政策のキー概念としてそれが展開しはじめるのは、二〇一二年一二月からの文科省設置の検討会の名称として、「育成すべき資質・能力を踏まえた教育目標・内容と評価の在り方に關する検討会」が使用された時からであろう。[4] その「論点整理」(二〇一四年三月)は、「OECDの『キー・コンピテンシー』をはじめ、育成すべき資質・能力を明確化した上で、その育成に必要な教育の在り方を考える方向」の追求が「世界的潮流」化していると把握し、「『生きる力』を構成する具体的な資質・能力の具体化」や、「学習指導要領の構造を、育成すべき資質・能力を起点として改めて見直」す必要があるとして、キー概念として「資質・能力」規定を組み込んだ。

重要なことは、導入されたOECDのキー・コンピテンシー理念が、この「資質・能力」概念の組み込みをテコとして、OECDの理念を超えた独特の性格へと展開しはじめたことである。OECD型コンピテンシーは、①「道具を相互作用的に用いる力」＝「リテラシー」、②「異質な集団で交流する力」、③「自律的に活動する力」という三つのコンピテンシーで学力の全体構造を把握しようとしていた。[5] この②、③のコンピテンシーは、グローバル経済の人材開発戦略を受けつつも、同時に社会的コンピテンシーとして、西欧市民社会の伝統を引き継いだ能動的市民として、自由な労働や政治や文化の主体として生きることを求めるものと把握されていた。また、①の「リテラシー」のみが、応用型学力としてテストで計測対象とされ、②、③は計測可能だとは見なされていなかった。ところが、文科省の教育政策では、この「資質・能力」は、「態度」を含んで学力として把握され、さらに計測可能なものとされていくこととなる。

国立教育政策研究所は、「資質・能力を育成する教育課程のあり方に関する研究―目標・内容、指導方法、評価の一体的検討」（二〇一四～一六年度）というプロジェクト研究の「成果」を「国研ライブラリー」第一弾として発刊した（二〇一六年）。その国研の理解においても、「資質・能力」は『資質』を中心に人格（価値・態度等）に関わるもの」とされている。確かに国研の理解では、「この際、価値を教えて子供の『資質・能力』に組み込むか、あるいは、価値は学ぶ対象にしておいて、その受容は子供の判断に任せるかは重要な検討課題[6]」とその位置づけが留保されていたが、文科省の政策では、一挙に、「価値を教えて子供の『資質・能力』に組み込む」方向へと展開していく。

その展開のテコとなるのが「態度」という概念である。文科省の教育課程政策で「態度」概念が評価と結合して新たに展開しはじめるのは、全ての教科で観点別評価の項目の最後に「関心・態度」が位置づけられた一九八〇年の指導要録改訂からである。一九九〇年の改訂では、「関心・意欲・態度」となり、全教科で観点別評価のトップ項目に位置づけられた。しかしこの「態度」が、それまでとは異なった強い意味で位置づけられるのは、二〇〇六年の教育基本法の改訂によってであった。

改訂教育基本法は、それまでの「人格の完成を目指し、平和的な国家及び社会の形成者」を育てることを目的とする（第一条、「教育の目的」）という規定――したがってそれ以外の目的を押しつけてはならないということを含む――を、「国家及び社会の形成者として必要とされる基本的な資質を養うこと」と変え、第二条「教育の目標」では、教育が「達成」すべき内容を、「わが国と郷土を愛する」など、六項目にわたる「態度を養」うこととして明記した（傍点引用者）。その規定は学校教育法にも「教育の目標」として書き込まれた。そして国家権力が各種の教育政策を通して、その「教育目標」の実現のために、教育の内的な価値に介入、統制するようになりつつある。(7)

この教基法改定により、「態度」が教育による達成目標の位置に押し上げられ、あわせて先に見た「資質・能力」規定が「態度」をも含んだものと把握されることで、「資質・能力」規定は、一挙に国家政策が人格の核心にある態度や価値観を規定し、それにそった達成を「目標」とするところにまで展開させたのである。これによって、政府・文科省は、学力と人格を目標管理可能な「政策概念」化し、その達成度を計測、管理するシステムを立ち上げることへと突き進んだのである。それは、権力は公教育の内的価値の自由を保障し、それを統制してはならないとする日本国憲法の精神を根底から覆し、教育の内的価値への国家統制を一段階引き上げるものといわなければならない。

二　「学力」把握と「資質・能力」の理論の再整理

教育学的には、学力の質には人格のあり方が大きく関わっており、その意味では人格と結びついた価値や態度と学力形成との関連の検討は、不可避かつ積極的な意味をもつ。しかし、国家や教育行政が価値や態度を方向づけ、その達成度を計測、管理することが正当化されるわけではまったくない。学習や教育実践の論理と、権力がそこにどう関与すべきかは、明確に区分する必要がある。

1　学力把握の三つの方法と現在の教育政策の性格

この問題を検討するためにも、今一度、そもそも学力規定をめぐって、次のような三つの異なった把握の方法があることを検討しておく必要がある。それは、学習論とも構造的繋がりをもつ。

第一は、文化や科学、知識の獲得と理解の段階を、学力の到達度として把握する方法がある。個人の「外」にある知識や文化、技術や方法の習得でその人間の学力が高まると考えれば、学習対象としての教育内容の理解・獲得度として学力を測ることには根拠がある。加えて文化の継承は、人類の獲得してきた価値や方法を後の世代に引き継いでいく基本的な方法でもある。この視点からは、獲得した知識などを問うテストは、同時に学力の到達度を調べる効果的な方法と見なされる。

第二は、知識や技術等の獲得は、同時にそれを理解し、それを使いこなす学習者の認識の構造の発達、頭脳や身体能力の発達を伴っており、学力をこの学習者の身体の側の構造変容＝発達という側面から把握しようとする方法である。個別の学習が一般的かつ応用的な能力の形成につながるとする考え、「形式陶冶」という考え方、あるいは学力をコンピテンシーとして把握し、「応用力」「活用力」「コミュニケーション力」など、子どもの頭脳や身体の側の「発達」として獲得されたものを計測しようとする方法もまた、この考えに依拠するものと考えられる。

第三は、学力の獲得が、同時に学習者の意欲や目的意識の獲得、発達と不可分であり、最も能動的で主体的な学力の獲得は、その人格が主体的に自らの課題に挑戦し、また生きるための社会的共同へ参加する中で可能になるという視点に立って、人格と学力との結合のあり方を学力形成の不可欠な方法、学力の質に関わるものとして捉えようとする学力把握の視点である。そして、教育の方法においてもそのような視点を不可欠とする考え方である。ただし、学力がそのような人格のありようと結合しているとしても、その人格の自由、そこに結合された価値意識や態度の自由が保障されなければならないという点を忘れてはならない。

重要なことは、学力把握においては、この三つのそれぞれが教育学的に見て、妥当性を持っているという事である。しかし同時にその捉え方が一面化する時、学力の歪みをもたらす可能性もある。

第一の性格を強く持つ日本の入学試験は、激しい学力競争の圧力の下で、応用力の欠けた知識の詰め込み競争を生み出してきた。応用力、活用力、読解力などというコンピテンシーとして学力を計測しようとするOECDの学力把握は、この知識詰め込み型学力への批判という性格づけの下で、日本社会で受容されてきている。また、DeSeCoのキー・コンピテンシー概念は、その「垂直軸（深さ）」において、「人格の深部にあると考えられる非認知的要素（動機、特性、自己概念、態度、価値観など）をも含」むものと捉えられてもおり[8]、その意味で、コンピテンシーという学力把握の方法は、今述べた学力を捉える第二の方法に加えて、第三の方法をも組み込んでいる側面ももつ。さらに、そもそも教育実践の現場では、多くの教師は、学力の形成と人格の形成には不可分の関係があると捉え、学力の形成への働きかけを通して人格の自立や主体性の確立、子どもの生き方に働きかけができるような教育実践を開発しようと苦闘している。そこでは学力把握の第三の視点が重視されている。

2　一面的なコンピテンシー把握がもつ問題性

しかし現実のコンピテンシーベースの学力形成は、いくつかの問題を含んでいる。

第一に、求められる学力、能力が、現在の世界的な経済競争の要請から提出され、それに応えることのできる要素的なコンピテンシーの獲得へと学校教育が一面化されていくという歪みである。活用力・応用力・表現力・コミュニケーション力・IT力などと様々な人材的コンピテンシーが提示され、それが応用型テストやパフォーマンス評価で計測され、競争が煽られ、学習が計測可能なコンピテンシーの獲得のスキルへと一面化されていくことの問題性である。

その結果、二つの分断・乖離が生まれる。一つは、知識や教育内容が、特定されたコンピテンシー形成の側から一面的に選択されていく問題である。文化としての教育内容は、本来子どもたちに出会わせたい価値を含んだものであるにも関わらず、短絡的なコンピテンシー形成のための訓練課題へと矮小化されて、教育内容としての文化的価値の継承が軽視されていく。新指導要領にもとづく新しい国語科で、実務的な文章作成力を育てる目的で読解の対象教材に実用的な文書が増加し、社会や人間の有り様を批判的に探究する文学や論評が軽視されつつあるという批判が提起されている。(9) また、人材に求められるコンピテンシー形成が中心となり、社会的、政治的な生き方を支えるコンピテンシーの形成、それに必要な学習——主権者教育、地球環境問題を考える力など——が斬り捨てられ、市場で競争してサバイバルする「ホモ・エコノミクス」の育成へと一面化し、社会的政治主体、共同主体として生きる方法を身につけた「ホモ・ポリティクス」の育成が排除される危うさと繋がってもいる[10]。

もう一つは、コンピテンシーを計測する評価のしくみ——パフォーマンス評価や「応用力型テスト」等——の開発と相まって、学習が機械的、形式的な外形で評価され、その結果学習がその外形を整えるスキルに向い、自己の思考や願いを意識化し現実への批判的な探究と他者や社会へ働きかける共同の主体、自治の主体、表現主体への育成がおろそかにされ、人格の土台そのものから学習に向かう主体性、目的意識を引きだすことに失敗するのではないかという問題である。そこでは個の思いや目的意識の形成を欠落させたままで、競争的な獲得目標として提示されたコンピテンシーを苦役としてのスキルで獲得させる学習が拡大され、学習と人格との分断を引き起こすことが危惧される[11]。

3 人格的価値や態度の統制としての教育への展開

今、教育政策で展開している最も重要な危うさは、学力の人格的側面への権力的な関与の拡大である。それは次のような文脈の複合的展開として進行している。

第一に、「資質・能力論」で、学力に人格的要素が深く関与していることを強調し、その人格的な目的や価値の形成を「態度の養成」として改訂教基法の「教育の目標」に掲げ、教育の全過程をその

「目標」達成の視点で計測し評価するという政策の展開である。教科「道徳」は、その中心にある。

第二に、この政策に、態度も学校教育における子どもの評定として計測可能であるという評価論（指導要録で「関心・意欲・態度」評価として数値化を伴って導入）が合体されることで、教基法で「教育の目標」とされた「態度」を、個人の達成度として計測・評価するシステムが組み込まれつつある。

第三に、教育の目標とされた「態度」を演じることがパフォーマンス評価の対象となるという危うさである。ここではコンピテンシーは、ある価値的態度を担いつつある物事を遂行することができる力にまで肥大化させられている。愛国心の獲得を表す態度が、国旗に敬礼をすることで評価される事態の広がりは、その恐れを単なる杞憂ではないものとしている。

第四に、ＤｅＳｅＣｏの第二、第三のキー・コンピテンシーは、社会的コンピテンシーとして自由な市民的参加で獲得させせようとしていた。しかし日本では、それは、現代の新自由主義とナショナリズムを受容させる規範教育と、人材力を競い合う競争参加意欲とのセットとして、学習への人格的動機付けを与えるものとして位置づけられつつある。それは、科学の学習やコンピテンシー形成を、主体の内的で自主的な目的意識や課題意識の形成と一旦は切断し、権力が提示する目的や規範や態度に沿って自己を意欲づけることで、人格と学力を競争の論理と国家的共同体の論理の基盤で再統合しようとするものとみることができる。しかし、人格をつき動かす目的や価値の意識は、社会や国家のあり方を作り変革する個＝主権者の側からこそつむぎ出されなければならない。

三　子どもの権利の実現と未来への変革的創造のための教育

1　学力の位置づけの全体性の回復

私たちの教育実践では、学力の三つの把握を最も積極的な方法において統一することが課題となる。まず第一に、学力は、子どもが学習し継承し、使いこなそうとする文化（教育内容）に集積されている価値によって規定される歴史的性格をもっている。その教育内容は、権力の統制からの自由の下に、教育の自由の世界における合意によって決定されていく。さらに教師は、その専門性に依拠して教育内容を吟味し、子どもが獲得する学力の内容、質、価値に対して働きかける。教育は社会に蓄積された文化の蓄積の中から、次世代に引き継ぐべき文化的価値を選び出し、教育的価値として編成し、子どもたちに提供することを通して、子どもたちの発達、その学力の形成に働きかける。いかなる教育内容に出会わせるかが、子どもたちが獲得する学力の質、その教養の質を大きく規定する。

第二に、教師は、格闘すべき知識や文化の提供によって学力を方向づけるだけではなく、子どもの発達という側面から学力を捉える。その意味ではコンピテンシーとして学力を捉え、単に知の伝達に止まらず、子ども自身が知を使いこなして自らの課題に取り組むという思考、探究、表現、創造、参加の活動を組織し、それを可能にする身体（頭脳を含む）の発達を促進していく。しかしそのコンピテンシーの獲得は、同時に、子どもたち自身の側から意味化され、意欲化され、目的化されていなければならない。したがってその学習は、自らの疑問や課題関心、目的などを意識化し、解明し、自己の主張を形成し、参加に向けて自己を再構成するものとなる必要がある。

第三に、子どもが直面する関心や課題を学習の課題と結合し、学ぶことが同時に生きる課題に挑戦する営みであるように学習を組みかえることが必要となる。それは人格の核心にある価値や目的の意識に働きかけ、主体性や自主性を高めることと結びついている。その学びは、競争で意味づけられるものから、他者との共同を実現し、自らの願いや意見を表現として他者に提示し、関係に参加し、社会に参加していく過程、子ども自身が自らの生き方を切り開く過程の一環として組織されねばならない。学習は子ども自身の生きる目的と結合することで、本質的にアクティブなものとなる。

しかし留意するべきは、子どもへの評価のあり方である。上記の三つの視点に立つとき、当然にも、それに関わって子どもの状態、学力の到達度、その基盤にある価値や目的の主体的形成の度合いなどを教師が評価し、その評価に基づいて子どもに働きかける教育実践が必要となる。そこに関わる評価は学力の全体性に対応して、子どもの人格の有り様への評価――どうその人格の主体性を切り拓くかにかかわって――を含む。そしてその評価は、教師自身の教育実践に対する自己吟味と反省的改革へ繋がる再帰的なものとなる。しかし、その評価を子ども個人の学力の「評定」として機能させることは、最小限の領域――知識や技術の獲得、客観的に計測可能な課題の処理能力など――に限定する必要がある。個人の価値や態度の評価を、評定化する必要はない。そこを超えて人格の価値的態度や社会への参加の方向性を、評定形式の評価として、学習の過程から切り離してその外に取り出し、社会の評価の空間にさらすならば、その評価は、直ちに人格に対する統制や差別として機能し、人間の自由を侵害し、人格を支配し誘導するものとなる可能性がある。「資質・能力」政策が子どもの人格操作へと踏み込みつつある中で、教師はこのような評価の肥大化を許してはならない。

2　知の全体性とコンピテンシーの理念——知の二つの領域と民主主義

「正解」のある知は、科学技術を高め、経済的生産を大きく発展させ、企業の利益を急速に増大させてきた。その結果、先端的な知を独占する企業の力が、国家をも上回るほどに強化された。しかしそういう「正解」知を集めれば、貧困や差別や戦争を克服する方向が、万人が納得する「正解」として提示されるなどということはない。ところが「コンピテンシーを獲得させよう」というかけ声の下で、学校教育は、グローバルな経済競争に勝ち抜く企業の戦略に位置づけられて、生産の場に新しいイノベーションをもたらす「正解」知の開発、学習に一面化されつつある。しかし学校教育でのそのような知の一面化は、人類の社会的危機への対応力を人々の知から喪失させる。

実は、社会の困難、矛盾を解決する知は、「合意」によって社会に働く知が中心となる。単純な「正解」がないにも関わらず、互いに共同的に生きていくための議論を介して合意が達成されていく知や方法である。憲法に書き込まれた社会的正義——基本的人権の保障、人間の自由と平等、生存権保障、国民主権政治の仕組み等——は、基本的にそういう合意によって社会の成り立ちを支える理念や価値規範として働いてきた知である。この「合意」知が、人類が直面した危機を切り拓いてきた。

社会と時代の矛盾や困難は、個の「外」に存在する「正解」知が自動的に解決するのではなく、自らの存在の尊厳を生き実現しようとする一人ひとりがもつ感情や思考や判断が基盤となり、それを突き出し議論するコミュニケーションの場において獲得されていく「合意」の知こそが解決していくのである。科学的な客観知はその下でこそ大きな力を発揮する。社会的、政治的主体の形成のためのコンピテンシーは、「合意」知の探究の領域でこそ促進され、その中で本格的な民主主義も立ち上がる。その場に個々人の願いや価値意識、価値選択への主体的態度が、民主主義のプロセスを介して、人類の合意の知の形成に働く能動的な力として投げ込まれ働くのである。現代社会の矛盾、人権剥奪、戦争、コロナ危機等の克服の知は、「合意」知の領域にこそある。そういう「学力」や「知」は、学力テストで客観的な知の獲得として評価されるものを超えており、人類の危機に有効に対処できるかどうかという歴史的な検証で評価されるものであろう。コンピテンシーという概念ははたしてそのような知が必要であるという視野をもっているのだろうか。

この合意の知が、人類の歴史を選ぶ力、社会を改革する力として欠かせないものになる。そして学校教育は、その力をいかなる質において形成し高めるかを、中心的な課題に位置付ける必要があろう。それは人間としての思考力、判断力を高めることとでもいうほかないものかもしれない。それは単一の「正解」をもたない知でもある。にもかかわらず、それは教室の中で人間的とはどういうことかを探究するその積み重ねの中に形成されていく力である。それはテストで計測可能な知の領域の外にあるからといって、この力を教育目標から切り捨てていいはずがない。

「正解」のある領域での学力競争に勝ち抜くことで他者よりも多くの豊かさを確保する戦略は、今日の格差社会の土俵の上では、格差・貧困を誰に割り当てるかを決める方法となり得ても、その格差自体を克服する方法とはならない。むしろ、競争の力学を更に肥大化させ、社会と地球の危機の進行に目を閉じさせ、無関心を生み出す。その克服のためには、「学力」の格差によって生存権を危機にさらす格差を多くの人びとに「自己責任」として押しつける雇用の仕組み、生存権保障の貧困を克服する社会改革が不可欠である。コロナ危機の中で、人類の生き方が問われている今、学校教育と学びの様式、学力の捉え方の根本的な転換を、社会の構造そのものの改革と結びつけて考えていく必要がある。

注

（1）折出健二「『資質・能力』批判と人格形成の課題」『教育』二〇一八年八月号、かもがわ出版、参照。
（2）総務相『新たな行政マネージメントの実現に向けて』二〇〇二年五月一三日。
（3）「特集I　教育は測れるか?」『人間と教育』第一〇六号、旬報社、二〇二〇年、参照。
（4）委員は、座長‐安彦忠彦、副座長‐無藤隆、委員‐天笠茂、市川伸一、奈須正裕、西岡加名恵、松下佳代。
（5）ドミニク・S・ライチェン、ローラ・H・サルガニク編著『キー・コンピテンシー』明石書店、二〇〇六年。
（6）国立教育政策研究所編『資質・能力（理論編）』東洋館出版、二〇一六年、六七〜六八頁。
（7）この「態度」規定の変容は、本田由紀『教育は何を評価してきたのか』岩波新書、二〇二〇年を参照。
（8）松下佳代編著『〈新しい能力〉は教育を変えるか』ミネルヴァ書房、二〇一〇年、三五頁。
（9）紅野謙介『国語教育の危機』ちくま新書、二〇一八年。
（10）佐貫浩「第7章　学力と道徳性、主権者性」『学力・人格と教育実践』大月書店、二〇一九年、参照。
（11）同右「第4章アクティブ・ラーニングを考える」『学力・人格と教育実践』参照。

第Ⅱ章――

民主主義教育のアクチュアルな課題

「持続可能な発展（開発）」と「教育」の結節点：共同学習

古里貴士

一　自然からの揺り戻しの一〇年

二〇〇八年発行の『人間と教育』五八号（特集「地球温暖化問題と教育」）掲載のインタビューにおいて、宮本憲一は、九〇年代を「失われた一〇年」だったと述べている。それは、政府や財界のいうような「経済成長が低迷した」という意味で用いられる「失われた一〇年」と同じ意味ではない。「経済の仕組みを根本的に転換すべき一〇年代だったにもかかわらず、従来と同じ開発と成長の理念のままでグローバリズムの競争に参加していくという形に戻ってしまったこと、そのようにしてこの一〇年を無駄な形で浪費してしまったという意味」である。(1)その後、経済成長の低迷を憂うという意味での「失われた一〇年」は、「失われた二〇年」と形を変えた。二〇一〇年代以降も含め「失われた三〇年」と言われたり、「失われた二〇年と復活の一〇年」と言われたりしているが、いずれにしても、経済成長が評価の基準である。社会の持続可能性という観点から見た場合、この一〇年は、どのような時代だったのだろうか。

この一〇年は、二〇一一年の東日本大震災における福島第一原子力発電所の事故から二〇二〇年の新型コロナウイルス感染症へと続く一〇年であった。このように書くと、「なぜ、新型コロナウイルス感染症が社会の持続可能性ということと関係があるのか」と思われるかもしれない。たしかに、新型コロナウイルス感染症は、いわゆる「環境問題」とは異なる性質の問題のように見える。しかし、新型コロナウイルス感染症が日本において問題となってきた当初から、新型コロナウイルスが、コウモリを起源とする動物由来感染症である可能性が指摘され（例えば、日本ウイルス学会「新型コロナウイルスについて」二〇二〇年二月一〇日）、新型コロナウイルス感染症と環境破壊とを関連づけた報道も行なわれてきた[2]。新型コロナウイルス感染症が、本来なら自然環境という限界の中でしか社会生活を営むことができない人間が、その限界を踏み越えようとしてしまったことから生じた揺り戻しであると考えると、福島第一原子力発電所の事故による放射能汚染も、新型コロナウイルス感染症も、自然環境という限界の中で人間社会をいかに営むのかという課題を顕在化させたという点では、同一平面上の問題に位置づく。

そうであるなら、この一〇年は、自然から人間社会のあり方が根本的に問い直され続けた揺り戻しの一〇年であった。もちろん、自然からの人間社会の問い直しは、福島第一原子力発電所の事故と新型コロナウイルス感染症に限ったことではない。二〇一八年七月の猛暑は記録に新しい。この月は、消防庁のデータによれば、熱中症により緊急搬送された人の数が、五万四二二〇人にものぼり、わずかひと月で、二〇一七年の五～九月の五カ月間の緊急搬送者数を上回った。[3] また、厚生労働省の人口動態統計月報によれば、一カ月間で一〇三二人が熱中症によって亡くなっている。[4] こうした異常気象の原因を、すぐに地球温暖化によるものと結論づけることはできないが、少なくとも二〇一八年七月の猛暑については、地球温暖化がその発生に寄与していることが明らかにされている。[5] そして、校外実習から帰ってきた小学一年生の児童が熱中症により亡くなるという痛ましい事件が起きたのも、この二〇一八年七月のことであった。地球温暖化は将来的な被害が予想される問題ではなく、すでに子どもたちの生存と成長・発達を脅かす現在進行形の問題となっているのである。福島第一原子力発電所の事故、地球温暖化、新型コロナウイルス感染症という一つなぎとなった自然からの揺り戻しの一〇年を経験する中で、教育は何を蓄積してきて、何に向き合っていく必要があるのだろうか。

二 「持続可能な発展（開発）」と「教育」をどう結ぶか[6]

1 「持続可能な発展（開発）」概念の系譜

「持続可能な発展」や「持続可能な開発」（ともにsustainable developmentの訳語。以下「持続可能な発展（開発）」）という言葉が、人口に膾炙されるようになってから久しい。最近では、二〇一五年の国連サミットにおいて、十七のゴールからなる「持続可能な開発目標」（ＳＤＧｓ）〔二〇一六～二〇三〇年）が制定され、様々なところで取り上げられるようになった。日本でも、全閣僚を構成員とする「持続可能な開発目標（SDGs）推進本部」を二〇一六年に設置、同年に「持続可能な開発目標（SDGs）実施指針」（以下、「実施指針」）が策定された（二〇一九年一二月改訂）。そこには「持続可能な開発目標（SDGs）を達成するための具体的施策」の一つとして、「ESD（持続可能な開発のための教育）・環境教育の推進」が位置づけられており、「2020年度から開始される新しい学習指導要領に基づく教育課程の改善・充実」がうたわれている。実際に最新の学習指導要領や幼稚園教育要領では、「持続可能な社会の創り手となること」が前文の中に盛り込まれている。「実施指針」の改訂版では、学校にとどまらず、「社会教育関連機関も含め、SDGsに資するように多様な文化とつながりながら学習できる環境づくりを促進する」こととされ、いまや「持続可能な社会の創り手」の育成は、教育の世界全体にわたる共通の目標として位置づけられるようになっているのである。

このように「持続可能な発展（開発）」という言葉が広く社会で受け入れられ、ESDの推進がいっそう図られる状況下において、いま改めて課題となるのは「持続可能な発展（開発）」と呼ばれるものの中身をどのようなものととらえるのか、また「持続可能な発展（開発）」と「教育」とをいかに結ぶのかということである。そのことを、確認するために、まずは「持続可能な発展（開発）」概念の成り立ちについてふりかえってみたい。

「持続可能な発展（開発）」という言葉を世に広めるきっかけとなったのは、一九八四年に国連に設置された「環境と開発に関する世界委員会」（通称：ブルントラント委員会）である。ブルントラント委員会が一九八七年に出した報告書『地球の未来を守るために』（原題はOur Common Future）では、「持続可能な発展（開発）」を「将来の世代の欲求を充たしつつ、現在の世代の欲求も満足させるような開発」と定義した。それは世界の貧しい人びとにとっての「必要物」の概念と現在と将来世代の人びとの欲求を充たせるだけの「環境の能力の限界」という二つの概念によって構成されたものであり[7]、一九七〇年代の南北問題を背景とする経済成長と環境保全の対立を受けてのものであった。

「持続可能性」（sustainability）概念の系譜を整理した井上有一によれば、ブルントラント委員会は「南の諸国（いわゆる「発展途上」の国々）に顕著な貧困の問題を解決の方向に向けるために経済成長が必要不可欠であるという主張」を基本的な立場にするものであった。「持続可能性」という概念が一般的ではなかった一九八〇年代以前には、「環境容量」（carrying capacity）という概念が先行して用いられていた。この概念は「ある特定の環境がそのなかで持続的に（＝いつまでも変わることなく）ある特定の生物を養っていくことのできる能力」を意味するもので、生物からみた環境には、「限界」が逃れられない制約として存在していることへの理解を示す概念に他ならなかった。しかし、「限界」という視点を有した「環境容量」概念に対し、ブルントラント委員会報告は「経済成長優先主義と「限界」概念（環境持続性）との折り合いを無理にでもつけようとするもの」（傍点引用者）であり、「妥協の産物」と言えるものであった[8]。

このように、「持続可能な発展（開発）」の概念は、生きていく上で必要なものをすべての人びとに保障していくことと、自然環境の限界の中で生きていくことが可能な社会を創っていくことを統一的に実現していくことの矛盾を、そのまま抱え込んだものである。そのため、その矛盾とどのように向き合い、超えていくのか、その向き合い方が問われざるを得ない概念でもあるといえる。その点で、ブルントラント報告書の翻訳書が「サステイナブル・ディベロップメント」を「持続的開発」と訳していたこともあり、「「成長の経済学」が圧倒的多数の支持を集める我が国においては、「持続的開発」が「持続的な経済の安定成長と同義に（……）受け取られる傾向があること[9]」の問題性が、同委員会の事務局として報告書作成に関わっていた当事者から指摘されていたことは重要である。

2 「持続可能な発展（開発）」概念の拡散化

現在の「持続可能な発展（開発）」概念とその実現方法を見るとき、「拡散化」の傾向、すなわち極端に意味を拡散させてしまって現代的意義をぼやけさせるような傾向が現れているように見える[10]。

例えば、先に紹介した「実施指針」の中に、その傾向を見ることができる。実施指針では、「持続可能で強靭、そして誰一人取り残さない、経済、社会、環境の統合的向上が実現された未来への先駆者を目指す」ことがビジョンとして示され、経済、社会、環境の統合が課題とされている。一見するとそれは、環境の「限界」があることを前提とした上で新しい社会の形を創造しようとしているように見えるし、もちろん環境の「限界」を前提にした社会を展望しようとしている施策も実施指針には含まれている。しかし一方で、ＳＤＧｓの重要な基本理念である「誰一人取り残さない」は「一億総活躍社会」の実現のことと読み替えられる。その実現の取り組みが「経済政策を一層強化し、それによって得られる成長の果実により子育て支援や社会保障の基盤を強化し、それがさらに経済を強くするという成長と分配の好循環を創り上げることを目指しているもの」であり、しかも「他の先進国に先駆けて持続可能な経済、社会づくりに向けて日本が示す新たな「日本型モデル」と呼ぶべきメカニズム」と紹介されている。先に紹介したように、もともと「持続可能な発展（開発）」という概念は、生きていく上で必要なものをすべての人びとに保障していくことと、自然環境の限界の中で生きていくことが可能な社会を創っていくことを統一的に実現していくことの矛盾をどのように克服していくかという課題を含みこんだものである。しかし、「実施指針」では、一方では、更なる経済成長の強化による分配の実現が示され、他方では環境分野での対策が示され、それらが個別バラバラの課題として取り組まれることになる。そのため、ＳＤＧｓを達成するための具体的施策の中には、「希望を生み出す強い経済」や「開業率・廃業率10％の達成」といった環境の「限界」という視点を含まない施策も位置づくことになるのである。

3　教育振興基本計画への浸透

こうした「持続可能な発展（開発）」概念の拡散化状況は、教育の世界と関わりのない問題ではない。なぜなら、二〇一八年に閣議決定された第三期の「教育振興基本計画」（以下、「第三期計画」）が、この「実施指針」の方向性に沿うかたちで策定されているからである。

「第三期計画」では、「2030年以降の社会を展望した教育政策の重点事項」として、「持続可能な開発目標（ＳＤＧｓ）をはじめとして社会の持続的な成長・発展を目標とする国際的な政策の動向も踏まえ」て、社会の未来像を描き、教育はどのような役割を担うべきかを明確にする必要があるとされる。そこで示される社会の具体的な未来像は、「一人一人が活躍し豊かで安心して暮らせる社会の実現」であり、「長期的な見通しをもって社会（地域・国・世界）の持続的な成長・発展」を目指していくことである。そして、「第三期計画」において、それは「教育を通じて個人の資質・能力を最大限伸長し，生産性の向上により経済成長を図るなど，次世代まで長期に見通した社会（地域・国・世界）の持続的な成長・発展を目指すことが重要である」というかたちに収斂していく。「第三期計画」の示す「持続可能な発展（開発）」と「教育」とをどう結びつけるのかという方向性は、「一億総活躍社会」による持続的な経済成長の実現と、その達成手段としての教育という結びつき方であり、教育は、持続的な経済成長を支える人材育成の手段としての役割を担わされることになるのである。

「実施方針」には、ドイツのベルテルスマン財団と持続可能な開発方法ネットワークの二〇一六年報告書において、日本が「ＳＤＧ1（貧困）」、「ＳＤＧ5（ジェンダー）」、「ＳＤＧ7（エネルギー）」、「ＳＤＧ13（気候変動）」、「ＳＤＧ14（海洋資源）」、「ＳＤＧ15（陸上資源）」、「ＳＤＧ17（実施手段）」の七つのゴールで達成度合いが低いと指摘されたことが紹介されている。これだけ見ると、一七のゴールのうち、七つのゴールで課題が大きいという事実のみが読み取れるかもしれない。しかし、これを図1の「SDGs "wedding cake"」[11]と照らし合わせると、日本が"Biosphere"（生物圏）の面で重大な課題を抱えていることが、明確になる。

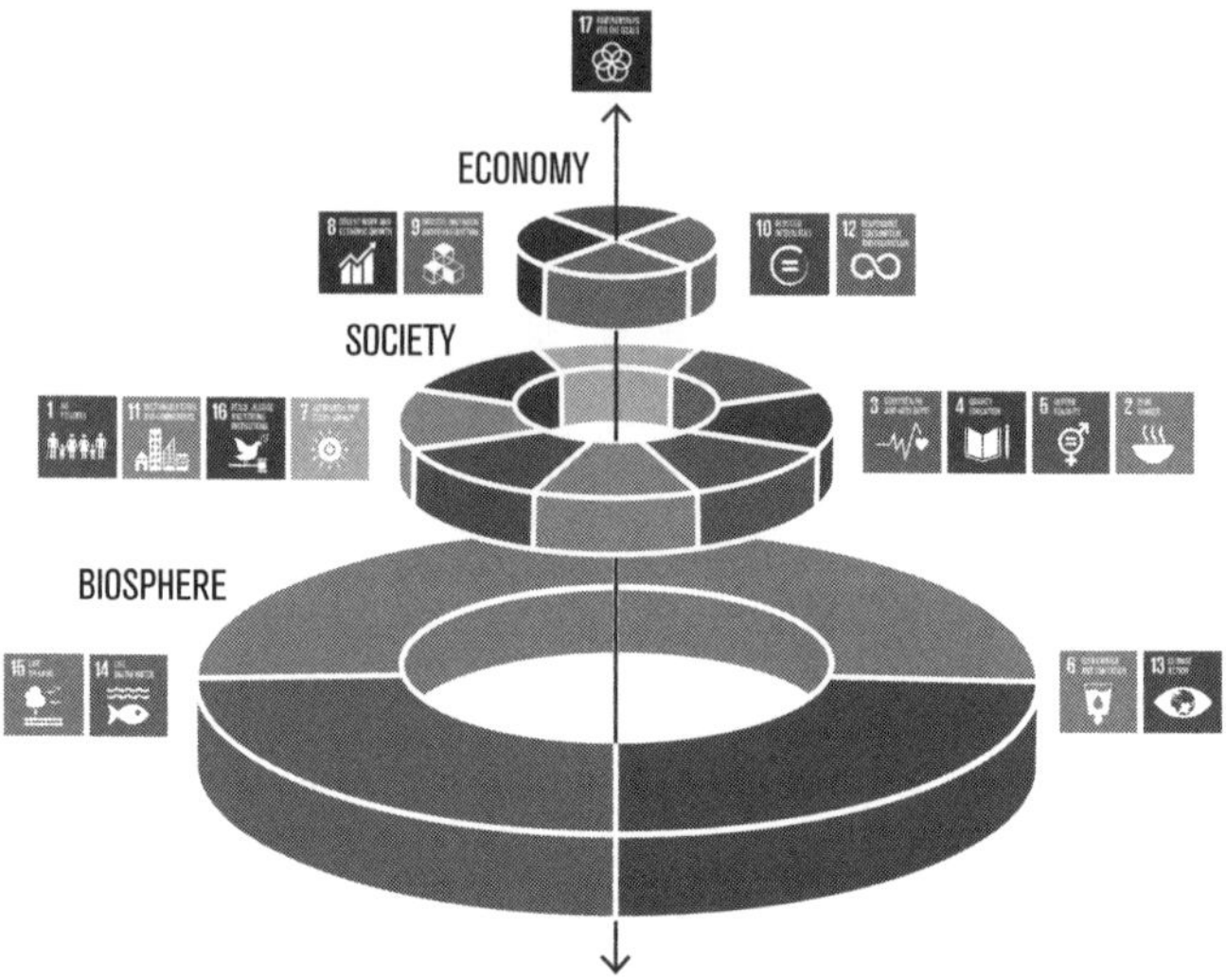

図1　SDGs "wedding cake"

「人間の形成の過程を望ましい方向に向かって統禦しようとする人間の努力が、教育の本質にほかなら」ず、「教育とは本質的に立場あるいは傾向をもつものだということを意味する」[12]のであれば、自然環境の面で重大な課題を抱える日本社会のあり方を温存しながら教育と結びつける立場にたつのか、それとも現在の日本社会のあり方を根底的に批判しながら、否定的に教育と結びつける立場に立つのかが、問われなければならない。日本社会がこの一〇年、自然からの揺り戻しを受け続け、そしていまだ自然環境の面で重大な課題を抱えていることを考えると、いま必要なのは、「持続可能な発展（開発）」をとらえる際に、環境の「限界」という視点を改めて位置づけなおし、その立場にたって改めて「持続可能な発展（開発）」と「教育」を結びつけること、すなわち後者の立場であろう。

三　受容と承認の共同学習へ

1　世代間倫理の問題としての環境問題

Fridays For Future Hiroshima のオーガナイザーである奥野華子さんは、なぜ気候変動対策に取り組むのかという問いに対して、次のように、完結に答えている。

答えは簡単だ。大人たちが私の未来を守るために全力を尽くしてくれていると思えないから。この活動をしている多くの若者が大人たちに自分たちの未来を任せられないと思っているだろう。(13)

この奥野さんの言葉には、「気候危機」とまで呼ばれるようになった地球温暖化問題を真摯に解決しようとしない大人世代への批判が込められている。しかし、奥野さんによる問いへの応答の持つ意味は、単なる大人世代への批判にとどまらない。というのも、環境破壊や資源枯渇といった問題は、現在世代の社会生活によってもたらされるにも関わらず、その影響を色濃く受けるのは未来世代である。言い換えれば、加害者としての現在世代と被害者としての未来世代との間で生じる世代間倫理の問題という性格を帯びている。(14)

「気候危機」と呼ばれるまでに深刻化した現在の地球温暖化問題に対しては、子ども・若者世代は、本来なら責任を持たないはずである。にもかかわらず、地球温暖化問題をここまで深刻化させた責任を有するはずの大人世代は、有効な問題解決もできずに現在に至ってしまっている。それゆえに巻き込まれてしまったのが子ども・若者世代なのである。奥野さんの「私はこの先も生き続けたい。その為に気候変動に取り組んでいる[15]」という言葉は、望まず地球温暖化問題に巻き込まれてしまい、本来なら保障されるべきであった将来世代の生存権や環境権が脅かされてしまっていること対する、若者世代からの異議申し立てという意味を持つ。

環境問題が、そうした世代間倫理の問題を含みこんでいることを前提としたとき、学習指導要領に示されたような「持続可能な社会の創り手」を育成するという目標に対しては、一定の注意が払われなければならない。なぜなら、本来であるなら、環境問題に対しては大人世代がまず責任を持つべき問題であるにもかかわらず、「持続可能な社会の創り手」の育成という名の下に、教育を通じて、その責任を子ども・若者に転嫁してしまうことにもなりかねないからである。おそらく持続可能な社会の実現という目標は、おおよそ否定されない。一方で、子ども・若者を「持続可能な社会の創り手」と位置づけて、その責任を子ども・若者に転嫁することも避けなければならない。その狭間で、私たちは、教育を通じて、どのように子ども・若者と向き合うことが求められるのであろうか。

一つの方向性は、自然からの揺り戻しによってすでに子ども・若者が被害者の立場に立たされる恐れがある中で、その問題性を感じ取り、その困難性を告発し、自らの生と生活をより豊かなものへとつくり変える主体へと形成することである。それは、一人ひとりの生と生活の基底となる社会のあり方に対し、子ども・若者が自らそこに参画し、そしてそれが実現できるよう、教育を通じて子ども・若者の成長・発達を保障するという方向性であろう。言い換えれば、大人だけでつくった「持続可能な社会」像の担い手として一方的に位置づけられるのではなく、子ども・若者が自ら「持続可能な社会」像を深め、つくりだす主体として、すなわち国家・社会の形成者として位置づけられ、それを実現できるよう子ども・若者の成長・発達を、教育を通じて保障するという方向性である。

2　二つの共同学習論

そうした方向性を展望するにあたり、社会教育研究における共同学習論の蓄積が手がかりを与えてくれるだろう。共同学習は、「身近な生活課題を共同の力で解決することを目指す、小集団による学習の方法であり運動[16]」として、主に青年の学習活動として生まれた。「生活態度というものはことばによってつくられるものではなく、生活経験そのものを通じて形成されていくものである。われわれは、民主主義や共同を口で言うだけでなく、もっと掘り下げてみなければならない[17]」とされ、民主主義と共同性をつくりだすための学習形態として構想されたものが、共同学習であった。

そこでは、他人の言うことに何でも賛成するような「付和雷同性」と、学校の中で生み出される「競争の関係」が批判的にとらえられ、それらを克服するものとして「共同性」が位置づけられる。そして、自分たちの生活の外にある既成のものを覚え込んでいく「勉強」に、自らが問題を感じているものを解決しようとすることを出発点とする「学習」が対置される。[18] そうした「共同性」と「学習」の実現を志向し、日々の生活の中から生まれる問題を取り上げ、小集団での話し合いを通じて、学び合い、そしてその問題解決のための実践を行なうのが「共同学習」なのであり、一九五〇年代の教育における民主主義と自由の危機の中で、社会教育領域ではこうした共同学習とそれを支える共同学習論が登場した。

その後、日本が高度成長の時代に突入し、科学技術が高度化し、社会が大きく変貌する中で、共同学習は「ゆきづまり」を指摘された。この「ゆきづまり」をどのように克服するかが共同学習論の重要な論点であった。そして、共同学習論は、その後大きく分けると二つの点に注目する。

一つは、「仲間づくり」や「話し合い学習」、「共同学習」と呼ばれる活動がもつ「集団治療的方向」への注目である。この「集団治療的方向」に注目した碓井正久は、人は社会の統制作用をうけることによって人格を形成すること、その社会の統制作用がゆがんだ場合は、人格形成にひずみがうまれ、それが第一に、心情的側面においてとらえられることを指摘する。その上で、社会教育編成においてこうした集団治療的要素を組み入れることの意味を認識しつつ、その具体的な形として、「共同学習」に内在していた「集団治療的方向」という性格に注目したのであった。[19]

もう一つは、身のまわりの課題が深刻化し、身近であるからこそ深刻な問題解決のために高い科学性が必要とされるようになる中での、共同学習への再評価である。藤原貞彦は「なによりも事実をおもんじ、一つ一つのおもみをもった経験と事実をつきあわせ法則化していく科学のまなび方の基本が、近年の住民運動の中での学習にみられる」[20]ことに注目した。そして、その後の社会教育実践の展望のために、共同学習の初志に立ち返り、「高次の共同学習」（高次の課題解決学習）について考えることを提起している。[21]

3　受容と承認の共同学習へ

共同学習は、共同性と民主主義の学習形態として登場し、その「ゆきづまり」を指摘されながらも、一方では「集団治療的方向」として、もう一方では「高次の共同学習」（高次の課題解決学習）として、再評価された。そして、高度成長期の共同学習論再評価として現れたこの二つの方向性は、自然による社会への揺り戻しが顕在化する中で、「地域の中で生きる葛藤とどう向き合うか」[22]が課題となる現在において、もう一度取り上げられ、統一的に考えられる必要がある。そして、それは、「受容と承認の共同学習」をどのように実現していくのかということに集約される。

「できる自分」や「わかる自分」だけを表出し、他人の評価をかち取るのではなく、「できること」「できないこと」や「わかること」「わからないこと」など自分の「ありのまま」を表現し、それを受けとめ合う関係を構築すること。そしてそうした「ありのまま」の自分を互いに認め合うこと。そうした「受容」と「承認」を基礎としながら、身近な問題であるがゆえに高度化し複雑化した問題を話し合いや調査を重ねながら、実践的に解決していくこと。そうした「受容と承認の共同学習」が、いま求められているのである。

注

（1）宮本憲一「地域の自治に立脚して維持可能な二一世紀世界を作る」民主教育研究所編『人間と教育』第五八号、旬報社、二〇〇八年、七頁。

（2）『東京新聞』（二〇二〇年四月九日付）では、ウイルスの人への伝播が、気候変動や自然破壊とも関係するという自然保護団体や専門家の声を紹介しながら、「コロナ禍を機に環境破壊防止の重要性を考える」ための記事を掲載している。

（3）消防庁「平成30年（5月から9月）の熱中症による緊急搬送状況」、二〇一八年。

（4）厚生労働省「人口動態統計月報（概数）（平成30年7月分）」、二〇一八年。

（5）今田由紀子「温暖化がなければ2018年の猛暑はなかった」『科学』二〇一九年七月号、岩波書店、二〇一九年、六四九～六五一頁。

（6）この節は、拙稿「今、ＥＳＤを地域から考える」『人間と教育』第一〇〇号、旬報社、二〇一八年、の第一節を基にしているが、大幅に加筆・修正している。

（7）環境と開発に関する世界委員会（大来佐武郎監修）『地球の未来を守るために』福武書店、一九八七年、六六頁。

（8）以上のブルントラント委員会についての整理は、井上有一「「持続可能性」概念の系譜」今村光章編『持続可能性にむけての環境教育』昭和堂、二〇〇五年、四六～六一頁。

（9）加藤久和「持続可能な開発論の系譜」大来佐武郎監修『講座［地球環境］第3巻　地球環境と経済』中央法規、一九九〇年、四〇頁。

（10）「拡散化」については、波多野完治『生涯教育論』小学館、一九七二年、二頁を参照。

（11）SDGs "wedding cake "（illustration presented by Johan Rockstrom and Pavan Sukhdev）は、ストックホルム・レジリエンス・センターのHP(https://www.stockholmresilience.org/research/research-news/2016-06-14-how-food-connects-all-the-sdgs.html）に掲載されている。

（12）宮原誠一『教育と社会』金子書房、一九四九年、一三頁。
（13）奥野華子「若者たちはなぜ気候変動対策に取り組むのか」民主教育研究所編『人間と教育』第一〇七号、旬報社、五四頁。
（14）例えば、加藤尚武『環境倫理学のすすめ』丸善、一九九一年。なお同書は、その後、加藤尚武『加藤尚武著作集第7巻　環境倫理学』未来社、二〇一九年、に収録されている。
（15）奥野華子、前掲、五四頁。
（16）大村惠「共同学習」日本公民館学会編『公民館・コミュニティ施設ハンドブック』エイデル研究所、二〇〇六年、一二三頁。
（17）吉田昇「共同学習の本質」吉田昇著作刊行委員会編『吉田昇著作集2　共同学習・社会教育』三省堂、一九八一年、五四頁。なお、初出は、青年団研究所編『共同学習の手引』日本青年館、一九五四年、である。
（18）同右、五二～五六頁
（19）碓井正久「社会教育の内容と方法」小川利夫・倉内史郎編『社会教育講義』明治図書、一九六四年、一一四～一一六頁。
（20）藤岡貞彦『社会教育実践と民衆意識』草土文化、一九七七年、二五四頁。初出は、藤岡貞彦「共同学習論からの出発」『月刊社会教育』一九七四年七月号、国土社。
（21）同右、二五五頁。
（22）西舘崇・小山田和代・澤佳成・古里貴士「座談会　原発事故との向き合い方を考える――4報告を受けて」『人間と教育』第九〇号、旬報社、二〇一六年、九六～一〇三頁。

新自由主義下のジェンダー平等と平等教育の課題

——コロナ禍を乗り越えて

橋本紀子

はじめに

二〇二〇年は北京会議（第4回世界女性会議）から二五周年、「持続可能な開発目標（SDGs）」（二〇一六〜二〇三〇年）が始まって五年目の節目の年である。北京会議では北京宣言と北京行動綱領が採択され、それ以降、世界各国のジェンダー平等実現のための行動指針となった。

二〇二〇年三月九日〜二〇日、ニューヨークで、「北京＋25」を契機に、これまでの各国のジェンダー平等の達成の確認と更なる飛躍を期して、国連女性の地位委員会のフォーラム（CSW64）が開催予定であった。しかし、新型コロナウイルス感染症のパンデミックが起きたため、各国の国連代表部を召集するだけの開催となり、一般的な討議とすべてのサイド・イヴェントは中止となった。

三月一九日には、グテーレス国連事務総長が未曾有の世界規模の健康危機の中で、最貧層やもっとも脆弱な立場に置かれた人々、とりわけ女性が、最も大きな打撃を受けるとの認識を明らかにした。翌二〇日には国連事務次長兼ＵＮ Ｗｏｍｅｎ事務局長プムズィレ・ムランボ＝ヌクカもこの認識を共有し、収入と社会保障はそのような女性たちに特に必要であるとし、さらに、世界的には女性が保健・福祉分野で働く人々の七〇％を占めているにも関わらず、COVID-19の基礎的なジェンダー統計が適切に公表されておらず、女性たちが的確な政策作成と実施に関与する体制が整備されていないと指摘した。こうして、三月二六日、ＵＮ Ｗｏｍｅｎ事務局次長アニータ・バティアは、各国政府に直ちに取り組むべき五つの行動を求めている。その中には、家庭内での女性への暴力の増加に対する迅速な対応や男女間の同等のケア分担がなされるような配慮等も含まれる。

日本でもこの間、同様の現象が生まれ、それによって日本社会の女性差別的構造が浮き彫りになった。家事・育児を担いながら賃労働に従事する多くの女性たちによって個々の家庭の日常が成り立っていることや、医療従事者の多く（看護師・保健師の9割、介護職者の7割、医師の2割）がそのような女性たちで占められていることなどを想定できない為政者の事前準備と予告なしの全国一斉休校や、テレワークによる女性の家事・育児・ケア労働の増加、個人あての特別給付金（一〇万円）の受給で露見したように、未だに、個人ではなく世帯単位で行われる行政対応の矛盾、シングル・マザーやフリーランス女性の貧窮、ステイホームの要請による家庭内のＤＶや女児に対する性的暴行の増加等多数の事例があげられる。

さらに、社会福祉と社会保障制度を大幅に削減し、極限まで資本の増殖をめざした新自由主義的な競争社会は医療崩壊の危機をもたらし、日本も含む各国で問題になった。私たちが、コロナ禍を乗り越えて、新しい社会をめざすということの中には、性別役割分業を前提に各家庭のケア労働を個別家族の責任とする新自由主義的、非人間的競争社会との決別が含まれている。本稿では、コロナ禍の下で浮上したジェンダー平等に関わる問題をふまえて、ジェンダー平等教育の課題について考察したい。

一　ジェンダー平等とセクシュアリティに関わる現状と課題

1　旧民法的家父長制の残滓との闘い

近年のジェンダー平等に関わる法整備の中には、成人年齢を一八歳に引き下げ、結婚年齢を男女ともに一八歳とする改正民法の成立（二〇一八年、試行は二〇二二年）なども含まれる。しかし、選択的夫婦別氏制度については、野党による法案の国会提出はなされているものの審議は進まず、現在、日本は夫婦別氏を認めず夫婦同氏を法で規定している世界で唯一の国である。周知のように、民法七五〇条は、「夫婦は、婚姻の際に定めるところに従い、夫又は妻の氏を称する」と定めているが、実際には妻の九六％が夫の姓に変えており、女性の側に自分の姓を放棄することの全ての不利益が押し付けられている。この規定が違憲かどうかを争点とした、二〇一五年の夫婦別姓訴訟での最高裁判決は現行法を「合憲」とした。

二〇一八年には、「戸籍法上」の規定を問う新しい夫婦別姓訴訟や、夫婦別姓を望む婚姻届の受理を拒まれた事実婚の男女たちによる国や自治体への損害賠償を求める訴訟が起きている。

一方、同性のカップルを公的に認める自治体パートナーシップ証明制度は二〇一九年に急増し、二〇年六月末時点の導入自治体は五一、同性カップルは一〇五二組に及ぶ。この制度によって、住宅契約や医療機関などで「家族」として認められる等の改善はなされたが、まだ多くの課題が残る。同性婚を認めないことの違憲性を問う同性婚訴訟も、二〇一九年二月に全国四カ所で始まり、同年六月、野党三党が同性婚を認める民法改正案を衆議院に共同提出したが、審議は進んでいない。

また、フリージャーナリストの伊藤詩織氏による自身の受けた性的暴行の公表、告発（二〇一七年）、財務省の福田事務次官のテレ朝女性記者へのセクハラ（二〇一八年）などをきっかけにセクハラを告発する#ＭｅＴｏｏ運動が各地で起きた。父親の娘への性的虐待を無罪とする判決をきっかけに、若い世代を中心に性暴力反対のフラワーデモも全国各地に広がり、これまで社会的に隠されていた女性への性暴力の実態が明るみに出るようになった。

周知のように、現行刑法は二〇一七年六月一六日に一一〇年ぶりに一部が改正された。それには、「一八歳未満の子に対する親などの監護者のわいせつな行為は、暴行や脅迫がなくても処罰されるなど」も含まれる。しかし、この特別な場合を除くと、一般には、提訴しても、加害者に明確な「暴行又は脅迫」があったことを、被害者自身が証明できなければ罪に問えないという課題が残った。海外諸国ではこの点に関して、当事者双方に合意があったかを問うものに変化してきている。日本の性犯罪規定は戦前の「家制度」の発想を法の運用面などで強固に引き継いできたもので、「暴行・脅迫要件」

という刑法自体が女性抑圧の仕組みとなっている。

日本は、女性差別撤廃条約だけではなく、「社会権規約」「自由権規約」や「子どもの権利条約」などのすべての人権条約において、国際機関への「個人通報制度」を規定する選択議定書をひとつも批准していないこと、包括的な差別禁止規定と救済機関を備えた国内人権機関が存在しないこと、セクシュアル・ハラスメントをはじめとする暴力禁止法制が未整備であることなど、世界のジェンダー平等の動きから大きく取り残されている。ジェンダー平等実現のためには、**女性差別撤廃条約の選択議定書の早期批准が当面の重要課題である。**

2　ジェンダー・ギャップ**指数**一二一**位を抜け出**すために

日本は、二〇一九年の世界経済フォーラムのグローバル・ジェンダー・ギャップ報告書で、政治、経済、教育、健康からなるギャップ指数が一五三カ国中、過去最低の一二一位であった。

その要因の一つは、各国で飛躍的に進んでいる政治分野での改善が、日本ではほとんど進まず一四四位であったことによる。二〇一八年、「政治分野における男女共同参画推進法」は成立したが、努力義務規定だけだったことから、その後の参議院選挙で与党は全く、女性候補者を増やさなかった。そのため、クオータ制を導入している海外諸国の目覚しい政治分野への女性の進出とは対照的に現状維持のままで終わった。管理職や専門職の女性比率も低いままで経済分野も一一五位である。日本でも、これまで、労働分野のジェンダー平等に関わる法整備が進められてきた。しかし、男女雇用機会均等法（一九八五年）による「均等」は、性別役割分業にのっとって、コース別雇用管理を是認するものであったので、結果として、家庭責任を担う大多数の女性は一般職かパートに振り分けられ、低賃金労働者として固定化された。この均等法的な企業のジェンダー秩序の下では、男女共同参画社会基本法（一九九九年）六条で謳われる、男女の相互協力と社会の支援の下に、育児や介護等と仕事の両立を図るという理念はかき消され、結局、女性に仕事も家事・育児・介護も期待するものとして機能した。

また、「女性活躍」のための施策を義務付けた女性活躍推進法（二〇一五年）は、クオータ制などの有効なポジティブ・アクションを伴わず、実効性に乏しいばかりでなく、管理職か、その可能性のある正規雇用の女性たちを対象にしており、全女性労働者の六割近くを占める非正規雇用の女性たちは除外されている。この他、コロナ禍で露見した世帯主制度の解消も大きな課題である。世帯主制度は国民健康保険や各種選挙投票権、国勢調査等も含め、世帯主を介して家族構成員を把握する便法として使われ続けている。

このような女性差別的慣行や法制度を変えるためには、法律を審議、制定する場を始めとして、あらゆる重要な意思決定の場の女性比率を高める必要がある。そのために、**クオータ制の法制化が現在の最重要課題となっている。**

二　学校におけるジェンダー平等と平等教育の現状と課題

1　教育機会のジェンダー格差は未だに残る

前述の世界経済フォーラム報告書では、日本の教育分野のジェンダー・ギャップ指数は九一位である。二〇二〇年度学校基本調査によれば、全日制、定時制に在籍する生徒数の男女比率は、男子五〇・六%、女子四九・四%でほぼ同率に近く、二〇一九年の県立高校の男女共学率も九八・五%で、高校までの教育は公私立合わせると、全体として就学機会の平等を達成しつつあると言える。しかし、二〇二〇年度の四年制大学学生全体に占める女子の割合は、四五・五%、修士、博士を合わせた大学院の女子の割合は三二・六%で、四年制大学・大学院の在学者数には依然として、明らかなジェンダー格差が見られる。

性別による専攻の偏りの縮小傾向は加速しているが、二〇一九年の理学、工学を専攻する学生の比率はそれぞれ、女子二七・九%:男子七二・一%、女子一五・四%:男子八四・六%で、未だ大きなジェンダー格差がある。

また、二〇一九年度の四年制大学への進学者数は五二万三四六六人、進学率は四九・八%で、男女比率は、男子が五一・二八%、女子が四八・七一%で過去最高であった。しかし、国際的に見れば、二〇一七年のＯＥＣＤ加盟国の男女合わせた進学率の平均は五八%、日本は二〇一九年段階でも四九・八%で必ずしも進学率が高い方ではない。[1]国内的には、地域間格差が大きく、短大なども含む大学等への現役進学率は、東京都の六五・一%に対して、沖縄県は三九・六%で、東京都とは二六%近い差がある。この両者とも四年制大学への女子の進学率のほうが、男子よりも高いか、同等であり(東京男子四六・七%、東京女子五三・三%、沖縄男女とも五〇%)、大学教育による効用が女子にとってより大きな意味を持っていることが推測される。これに対して、北海道や東北、関東諸県には、男子の進学率が女子より六〜八%ほど高い、従来の男尊女卑的なジェンダー格差が見られる県がある。度重なる消費税の引き上げやコロナ禍による収入減に見舞われた多くの家庭では、女子は地元の大学や短大に進学させるというこれまでの傾向がいっそう強まっている。[2]

2　校長などの役職につく女性教員は極端に少ない

二〇一九年度学校基本調査では、教員の女性比率は小学校六二・三%、中学校四三・七%、高校三二・五%であるが、校長の女性比率は小学校二〇・六%、中学校七・四%、高校七・五%と極端に低い。OECDが二〇一八年に加盟国三〇カ国、地域に行った調査では、中学校の校長に占める女性割合の最高はラトビアの八三・八%で、最低は日本の七・〇%であった。次に低いトルコが七・二%、次が韓国の一九・六%である。OECD加盟国平均は四七・三%であるから、国際的にはジェンダー平等に近づきつつあるといえる。さらに、日本の女性が管理職を志向しない理由には、「担任を持って子どもと接していたい」や「自分にはその力量がない」「現在の仕事に満足している」などもあるが、「責任が重くなると、自分の家庭の育児や介護等との両立が難しい」、「労働時間が増えると、自分の家庭の育児や介護等との両立が難しい」という回答も多く、この項目の選択は男性より一五％以上も多い(3)。

このように、性別役割分業を前提に各家庭のケア労働を個別家族の責任とする新自由主義的論理が、学校、教員間にも貫徹しているのである。これを解決するためには、**教員の大幅な増員と少人数学級の実現**によって、男女双方にとって、校長等の管理職を引き受けても、過度の責任や長時間労働に陥らないで、仕事と家庭生活のバランスが取れるような労働条件の整備が何より必要である。

第五次男女共同参画基本計画は今年の一二月に閣議決定される予定で、七月に素案がでたが、第四次基本計画で掲げた二〇二〇年までに意思決定や指導的地位に女性が占める割合を三〇％にするという計画を、「二〇二〇年代の可能な限り早期に達成することを目指す」に後退させた。第一〇分野「教育・メディア等を通じた男女双方の意識改革、理解の促進」では、管理職への女性の登用と教員の研修を具体的取り組みの重点としてあげるが、その実現のための教育労働条件の改善には言及していない。さらに、研修の内容は男女共同参画の理解の促進や男女平等の理念を推進する教育・学習というだけで、多様な性を含むジェンダー平等に基づく「包括的な性教育」への言及はない。

実際、安倍政権下で各地の男女共同参画行政とジェンダー平等教育の取り組みは後退し、それまで行っていた教材や実践の提供等、学校との連携協力も途絶えているところが多い。学校は正規教員の減少、小学校の英語教科化や小中の道徳の教科化などで、ゆとりを失っている。**教育労働条件の整備により、職場の同僚とゆとりを持って、平等な関係性を築けるようになることが今、何より必要である。**

3　ジェンダー平等教育は進展しているか

（1）性別教科の保健体育と家庭科の問題

家庭科と保健体育科は、一九八九年の学習指導要領の改訂で、それまでの状況を形式的には脱したが、体育の実技を男女別にすることで、保健も男女別クラスになったり、近年では、二単位の「家庭基礎」だけを置く学校が増えて、実質的な家庭科の時間数削減がおきたりしている。さらに、一時間題になった高校保健の「妊活教材[4]」と同様、少子化を克服し、出生率をあげるという意図をもつライフプランニング教育などが、高校家庭科の副教材として登場するようになってきている[5]。ここでは、結婚をしない、子どもを生まないという選択肢やＬＧＢＴなど性的少数者への言及はない。このような教育が国家による出産管理に繋がらないように注視していく必要がある。

（2）男女混合名簿と制服の選択制

学校そのものの機能に潜む「隠れたカリキュラム」の一つとして、九〇年代半ば以降注目された男女別名簿の改善運動は、今でも続けられており、二〇一六年の日教組調査「性別で分けない名簿調査（全国）」では、幼稚園、小・中・高、特別支援学校・小中一貫校、中高一貫校合計一万三三四八校の八二％が出席簿を混合名簿にしている。しかし、県別の集計をみると地域によってばらつきがあり、宮崎県では二〇一七年まで公立小中学校の一割しか混合名簿を採用していなかった。母親たちの要求で二〇一八年には五割以上の学校で採用されたが、その後、これに対する反動も起きている。

一方、東京都中野区、世田谷区では、二〇一九年度から、区立中の制服のスカート、スラックスを性別に関係なく選べるようにしたが、沖縄県では県立浦添高校で二〇一八年から事前申請なしで制服を選べるようになり、二〇一九年にも那覇高校、西原高校と続いた。同年、栃木県のLGBT支援団体「S－PEC」が、「栃木県内の全中学・高校で誰もが選べる制服を導入して下さい」の活動を始め、二〇二〇年にも、東京江戸川区の支援団体「LGBTコミュニティ江戸川」、宮城県の「にじいろCANVAS」（仙台市）のメンバーなどによる「制服の選択制」を求める運動は続き、成果をあげている。二〇一六年ごろから寒冷地などを中心に、女子高生の制服としてスラックスを認める学校、地域は増えつつあったが、自由服と違い制服自体が、子どもたちを一定の型にはめる性格を持つ。その制限の中で、多様な個性の在り方を認める動きが生まれてきていることが知られる。ここには、ジェンダー平等や多様な性の存在を認める社会の動きが反映していると思われる。

(3) 変化が進む教科書の記述

こうした社会の動きは、二〇二一年度から使用の中学校検定教科書にも反映している。性の多様性に関連する記述は現行の教科書より増え、国語、社会科、美術、技術・家庭、道徳、保健体育の六教科、一七点に及ぶ。社会科では現代社会を学ぶ単元で、美術の教科書では、ウェディング姿の二人の女性が描かれ、そこに、「二人で生きる」という言葉が添えられているポスターが掲載され、家庭科では直接、性の多様性について触れているわけではないが、制服の選択制を採用している学校の紹介をする形で取り上げるなど、各教科の専門性にあわせた取り上げ方をしている。[6] ただし、保健体育に関しては、体育・保健体育の学習指導要領では、小・中・高を通じてSOGIに関わる性の多様性については触れておらず、異性愛を中心とした性教育のみが取り上げられているという縛りがあるため、本文ではなく、資料扱いとなっている。それでも、二〇二〇年度から使用の小学校保健の光文書院だけは、本文で「『性』のなやみ」の項目を設け、性別違和や異性に関心がもてない場合について取り上げ、電話番号も含めて「よりそいホットライン」の紹介をするなど改善が見られる。

このように、ジェンダー・バイアス再生産装置としての側面をもつ学校を、ジェンダー平等を促す学校へと変えようとする活動は各地で起きているが、全国的に見れば、ジェンダー平等の意識的な追求が未だ不十分である。さらに、不平等を固定化し、助長するような教育が登場している。次にその例を道徳教科書でみることにしたい。

三　中学校検定教科書「道徳」にみる新自由主義的性別役割分業の刷り込み

二〇一九年度から中学校「特別の教科　道徳」は検定教科書が使用されるようになった。ジェンダー・セクシュアリティの視点から見た場合、八社の教科書、それぞれにさまざまな問題があるが、

ここでは、新自由主義的性別役割分業がどのように刷り込まれているかについてだけを取り上げる。(7)

1　仕事の他に、家事・育児・介護を強制される女性

「ライフ・ロール」(日本教科書・三年)

〈大学生の長女を頭に三姉妹と共働きの両親という家族構成。近所に住む祖母の具合が悪くなり、病院に付き添う必要がでる。父親は外せない仕事が、長女はゼミの発表ということで、母親が予定されていた管理職昇任のための面談をあきらめ、付き添う事に〉

上司への電話で「私には他にも役割がありそうです。今は、まだその時期ではないようです」と母親は言い、長女もこんな状況じゃ管理職を断るしかないでしょうと言う。

この教材では、母親が家事・育児だけではなく、老人介護もふくめてその役割を担うべきという前提で、話は進む。解決策を何らかの社会的なサポートシステムに求めるのではなく、家族内での分担、さらには、人生上の役割という話にすり替えている。

2　性別役割分業を内面化した女性と男性

「私も高校生」(文教・三年生)

〈主人公は両親を早く亡くし、高校進学は断念。結婚して、三人の子どもの育児と家事をこなしながら、神田の学校に事務員として勤め、今、通信制の高校生としてもがんばる〉

夫は「お前は偉いよ」というだけで家事を分担する気配はないのに、理解ある夫として描かれる。主人公に「ふつうでしたら、自分が好きで始めたことなので、愚痴を言おうものなら、『やめちまえ』の一言だと思います」とも言わせている。

「**私も高校生**」は、「自分自身と向き合う」の分野の教材で考えさせたい徳目は自主・自律・自由と責任であるが、描かれるストーリーは、性別役割分業を前提に展開されるものとなっている。

3　セィフティ・ネットとしての家族の強調

「ごめんね、おばあちゃん」（教出・一年生、東京書籍・二年生に同じ教材）

〈共働きの家庭で親に代わり、家事を切り盛りしてきた祖母が衰え、家事は一切、母が行うことに。それでも、いろいろ立ち働き、事件を起こす。聡も祖母を責める。ある日、祖母は骨折して入院。翌日、学校から帰っても誰もいない。聡は病院にお見舞いに。〉

これは、〝家族愛〟の項目の教材で、家事や育児を支えてきた祖母が介護の対象になったら、他の家族が介護を担うようにという、家庭内でのやりくりだけが推奨されている。また、祖母が事件を起こすようになって、母が一切家事をするようになったという話は、他の家族員の関与なしに、女性による家事の受け渡しということで、ジェンダー視点からいえば大問題である。同じような内容を扱っている「一冊のノート」（光村三年、あかつき二年）も、社会的なサポートシステムについての言及はない。保育や高齢者介護等の社会福祉を切り捨て、各家庭の自己責任でまかなうという新自由主義的道徳が強調されている。

おわりに――どんな教育条件と授業実践が求められるか

まず、少人数学級の実現と教職員の増員を求める取り組みが重要である。次に、ジェンダー・バイアス再生産装置としての学校を変えるために、混合名簿の採用など性別で分ける学校慣行の見直しは引き続いて取り組むべき課題である。包括的性教育の促進には、学習指導要領の「歯止め規定」をなくし、これを国際標準に整備することや、医療従事者など他職種との連携が課題となる。

教科としては、まず社会科学の科目で、多くが非正規雇用である現在の女性の実態を構造的に理解できるような実践が求められる。人間の性の多様性も含めた性教育は、フランスやフィンランドのように、人体に関する生理学等の科学的知見を前提に進められるべきで、そのうえで人権の視点からの関係論が展開されることが重要である(8)。

さらに、ジェンダー・セクシュアリティの視点からみても問題の多い道徳教科書に対しては、それとは異なる具体的なデータを示して、子どもたちの認識を確かなものにしていく実践が求められる。本稿で取り上げた性別役割意識の刷り込みは、教科書が求める徳目・価値とは関係なく、当然の前提のようにストーリーに入り込んでいるので、その点に注意した実践が必要である。

学級活動や特別活動、総合学習などの時間を使っての実践や、理科や生物、保健体育での実践の充実と同様、引き続き、社会科学領域の科目や家庭科、道徳科でのジェンダー平等の視点からの実践が期待される。さらに、優れた実践をどのように広げていくかが、今後の重要な課題である。

注

(1) Table B4.3.First-time entry rates, by tertiary level(2017) " Education at a Glance 2019" OECD 2019.参照。

(2) 朴澤泰男「女子の大学進学率の地域格差―大学教育投資の便益に着目した説明の試み―」『教育学研究』八一巻一号、二〇一四年、で、地域格差の要因分析を詳述している。

(3)『学校における女性の管理職登用の促進に向けて』国立女性教育会館、二頁・表1-1、三頁・図1-1、一〇頁・図2-4、二〇二〇年。

(4) 西山千恵子・拓殖あづみ編著『文科省/高校「妊活」教材の嘘』論創社、二〇一七年。

(5) 北海道『高校生向け少子化対策副読本　北海道の少子化問題と私たちの将来について考えて見よう』、秋田県『少子化を考える高等学校家庭科副読本　考えようライフプランと地域の未来』などがある。

(6) 山下知子・杉原里美「どうなる?教科書　性の多様性　差別解消へ学ぶ」『朝日新聞』21面、二〇二〇年七月二六日。

(7) 橋本紀子「道徳教育におけるジェンダー・セクシュアリティの問題―中学校「特別の教科　道徳」の教科書分析を中心に」藤田昌士、奥平康照監修『道徳教育の批判と創造―社会転換期を拓く』エイデル研究所、二〇一九年。

(8) 橋本紀子・池谷壽夫・田代美江子編著『教科書にみる世界の性教育』かもがわ出版、二〇一八年。

「民主主義の学習機会」としての道徳教育
――ジョン・デューイとガート・ビースタの議論を手がかりにして

福島賢二

はじめに

本稿の目的は、「民主主義を学習する機会」として道徳教育を構想することにある。

戦後の道徳教育の議論では、愛国心等の徳目主義の教え込み（「徳目主義道徳教育」）をねらう政治権力に賛同する論者と、権力による教育統制を支持しない研究者の議論とが対立してきた[1]。この対立構図において道徳教育に関する研究は、一部の教育哲学者らの議論を除いて[2]、進展してきたとは言い難い状況にある。

この状況のなか、「よりよき社会を築いていくことを通して、よりよき自己や生き方をも追求していく」[3]シティズンシップ教育としての道徳教育や、「善き社会を構築する権利と義務を持つ主権者を育成する」[4]道徳教育という議論が、教育学と一定の距離をとる論者から提起されてきた。

こうした議論は、徳目主義道徳教育に代わる道徳教育を構想するうえで示唆があるが、未だ広がりをみせていない。この背景には、道徳教育としてシティズンの育成をどう行うのかが明瞭でない点や、従来の道徳教育の議論との接続点が明示されていないことが理由としてあるように思われる[5]。

本稿では、こうした問題意識のもとシティズンの育成や民主主義の学習という観点から徳目主義道徳教育に代わる新しい道徳教育を構想することを目指す。

一　全面主義の功罪

検討すべき論点のひとつは、シティズンの育成や民主主義の学習の観点から道徳教育を構想する議論（「民主主義道徳教育」）と、徳目主義道徳教育に反対してきた議論は、相反するものであるのかという点である。徳目主義道徳教育については、民主主義道徳教育を構想する論者も批判している[6]。また徳目主義道徳教育に反対してきた論者は、権力による教育統制を回避するうえでも、シティズンの育成や民主主義の学習の必要性を否定しないように思われる。このように両者の議論は重なり合っている。にもかかわらず、シティズンの育成や民主主義の学習を道徳教育として行うか否かという点においては袂を分かつ。ここには、道徳を独立科目として設定するか否かという論点がある。

道徳を独立科目とすることに反対する議論の背景には、全面主義という考えがある。全面主義とは、「修身科を廃止し、学校における道徳教育は社会科を中心として学校教育の全面において行う[7]」考え方である。この全面主義は、道徳を独立科目とすることの歯止めとなってきた。この歯止めの機能によって戦後半世紀、道徳が独立科目として設定されることを阻止することができたのだといえる。

しかしながら、道徳を独立科目とすることの歯止めとしての機能は、道徳や道徳教育そのものを学問として探求する視点を消失させる機能をもってしまったともいえる。その証拠に全面主義に立脚している議論では、「道徳性の獲得は、全教科と全文化活動及び全生活指導を貫いて実現されていくべきものである」と主張する一方で「残念ながら、現実の教科の多くが、率直にいって、その教科のもつ道徳性形成力を実現することに失敗している」というアンビバレントな診断をしている。[8] 実践が失敗しているのであれば、その原因が教科の性格や方法によるものであるのか、全面主義によるものであるのか、検証が必要となろう。しかしその検証を抜きに全面主義の思考はよしとされている。

もちろんこの議論は単純なものではなく、「特別な教科　道徳」が愛国心等の徳目主義を昂進させるものであるという分析をしたうえで、それを防ぐ手立てとして全面主義が必要であるという論理になっている。だが、この論理にも問題がある。なぜなら、徳目主義を避ける仕組みとして全面主義が必要であるという論理は、道徳教育が全面主義でなければならないという思考を前提視するからである。この結果、道徳教育は、徳目主義道徳教育への「対抗」という視点でのみ構想されることとなり、対抗を超えた枠組みで道徳教育を構想することができなくなっているのである。

似たような疑念は松下良平によっても出されている。松下は「日本の公教育における道徳教育が歴史上たえず国家イデオロギーの注入と結びついてきたことへの反動としての道徳教育の空洞化」という指摘に加え、「道徳教育が国民の政治的教化の装置としてはたらくことの問題性を察知した人びとの一部が、『道徳教育』という概念を教育学の領域から追放しようとした」と診断している。[9] これは、徳目主義道徳教育への対抗という視点が、学問として道徳教育を究明する視点を失わせてしまったという本稿の主張と重なるものである。

以上の考察より、対抗的な道徳教育や全面主義という思考を自明視して道徳を論ずることには検討が必要だと思われる。[10] このことは、道徳教育をめぐる議論の枠組みの再考を示唆するとともに、新しい枠組みから道徳教育を構想するという論点を浮上させる。

二　勝田守一の道徳論の継承的視点

さて「道徳教育の空洞化」が起こってきたことには同意するとしても、全面主義に立脚する議論でも継承すべき議論もある。例えば勝田守一の道徳に関する議論がそれである。なぜそういえるのかといえば、勝田の道徳に関する議論は、権力によって構想された道徳教育への対抗という形で単純に構想されたものではないうえ、その思考には含意があり、新しい道徳の原理や新しい道徳教育を構想するうえで示唆があるからである。

なかでも興味深い点は、「道徳を成り立たせている基本的なもの」がないままに、道徳についての議論がなされていることを勝田が洞察していたことである。勝田は、議論を慎重かつ丁寧に行うために「考え方を変えて、恐れることなく、問題をいっぺんもっと『抽象的』に考えてみたらどうか」と提案していた。[11] 勝田が抽象的思考において見出したものは次の道徳観である。すなわち「道徳は、慣習や規範と確かに無関係ではない。しかし、慣習や世の中に通用する規範が、矛盾するという事態が、社会の変化とともに起ってくる。古い伝統的な価値に新しい価値が対立する。そういう矛盾や対立に面して、人間ははじめて、道徳的な意識を目覚ますのである。つまり、自己の責任において、価値を選択する（判断する）という行動に、私たちは、基本的に道徳の意識を見いだすのである。これを私たちは、自主的判断と名づけることができる。[12]」のだと。

これは「自主的価値選択」論と呼ばれ今日でも継承されているものであるが、[13] この概念以上に、概念が導出されている説明の方に注目したい。勝田は、「価値を選択する（判断する）という行動」に、「道徳の意識を見出す」としているが、ここでいう「価値を選択する（判断する）という行動」がどのような状態をいっているのか明瞭ではない。それを説明しているのが「矛盾や対立に面して」という箇所である。これは、道徳的な意識が生成される、いわば〈場面〉を表すものだといえる。

この、〈場面〉の定位は、教育という営みにおいて決定的に重要な情報である。なぜかといえば、道徳性を意図的に育むことを「道徳教育」というのであれば、道徳的な意識が生成される〈場面〉がわからなければ、意図的に道徳性を育むための環境を設計することはできないからである。逆にいえば道徳的な意識が生成される〈場面〉が定位できるのであれば、その〈場面〉を意図的に再現することで、道徳的な意識を生成することができるのだといえる。

とはいえ、この〈場面〉とは具体的に何を指すのか。「矛盾や対立に面して、人間ははじめて、道徳的な意識を目覚ます」という勝田の言葉を分析した奥平康照は、「『私たち自身が直接に生き感じ、たたかっている価値そのもの』に求める方向……を、現代社会で私たちが当面し、選択を迫られている重要な社会的・道徳的価値、と読み取ることもできよう」[14]と解釈している。「社会で私たちが当面し、選択を迫られている」とは、私たちが社会で生きながら選択を迫られる〈場面〉、すなわち、社会で生きている「状況（文脈）」のことを指しているのだといえる。[15]

なぜ「状況（文脈）」に着目することが重要なのか。これに関わって佐伯胖は、「知識は単に習得すべき事項として切り離されているのではなく、人間文化一般とつながりをもっている」と指摘している。[16]知識が「切り離されているのではなく」、人間の「文化の中に埋め込まれている」というこの指摘は、「状況づけられたなか（文脈のなか）」で知識は存在しており、「状況（文脈）」と分離された知識は存在しないという主張である。ここでの佐伯の議論は、知識に関するものであるが、価値や道徳も「状況（文脈）」から「切り離されているのではなく」、人間の「文化の中に埋め込まれている」ことが示唆されている。

それを示すものが松下良平の研究である。松下は道徳哲学や政治哲学に関する議論の考察を通じて「知るという作用はつねに知る対象との関わりの中で生じる」とし、「知ることのはたらきを知ることの対象から切り離して論じることはできない」という。[17]そのうえで「道徳原理が具体的な生活世界の内部における対人間的・対自然的な相互関係・相互作用を通じて生成してきた事実が見失われ」ていることを指摘し、「道徳原理は言語的生活を営むわれわれ人間の生活世界の中で生成してきたものであり、それ以外のどこにも基盤をもたない」という。[18] この「対象との関わり」という点は、生活との関わりを指し、佐伯の指摘していた「文化の中に埋め込まれている」という内容と重なるものである。

以上の議論より、知識や道徳は「人間の生活世界の中で生成」し、「文化の中に埋め込まれている」ものであるため、「生活」と「切り離されているのではなく」結びつけてとらえなければならないという知見が見出される。この知見は、勝田の提起した「矛盾や対立に面して、人間ははじめて、道徳的な意識を目覚ます」という言葉と結合することによって、次のような〈場面〉の具体像を浮かび上がらせる。すなわち、人間が社会で生活するという文脈において「矛盾や対立に面して」いる「状況（文脈）」を意図的に再現することで「道徳的な意識を目覚ます」ことができるのであると。

三　〈部分〉としての学校と、〈集合〉としての社会とを連結するもの

ところで「状況（文脈）」に着目する視座は、学校での教育が社会で生活する人間の育ちのなかで、どのような位置を占めるのかという、学校と社会との関係性として提起されてきたものでもある。そうした議論を展開するジョン・デューイは、「学校そのものを、そこで課業を学ぶための隔離された場所ではなく、生きた社会生活の純粋な一形態たらしめるところの手段として、考えねばならない」[19]と指摘していた。そのうえで「子どもの日常生活の経験と学校においてかくも多量に授けられる

個々ばらばらな教材とのあいだにある間隙」が原因で、「子どもが学校のそとで得る経験を学校そのものの内部でじゅうぶんに、自由に利用することがさっぱりできない」状態になっているという。[20]この状態をデューイは「生活からの学校の孤立」と定義し、その孤立を解消するうえで次のような視点が必要であるという。すなわち「すべての学科は、同一の世界およびその上でいとなまれる同一の生活の種々なる側面から生まれるものであ」り、人間は「すべての側面がむすびあわされている世界に生活している」[21]。その意味で「言語はまず第一に社会的なものであり、それによってわれわれが自己の経験を他人にあたえ、逆に他人の経験を受け取るための手段であ」り、「反復のためにのみつかわれる」ものではない[22]。また「学校と産業生活とのあいだにも有機的な関係が存在すべきである」[23]。

こうしたデューイの議論は、学校及びそこで行われる教育が、社会生活や子どもの生活経験と乖離したものになっているという批判であるが、その乖離は、子どもが社会で生活するなかでの〈部分〉である学校が、その機能を忘却し、子どもの育ちの全体に対して影響力を行使できると考えていることへの批判として引き取ることができる。

翻ってデューイ同様の認識をしてきたものとして宮原誠一がいる。宮原は、デューイの著書である『学校と社会』の解説において「言葉のうえでは学校と社会とをむすびつけることを説きながら、実際には学校を社会からひきはなすことにつとめてさえいる」[24]という説明をしているが、これはデューイの議論の解説であるとともに、学校と社会との関係性に注目しない教育学（者）への批判でもある。その証拠に宮原は、自身の著書のなかで「従来の教育学は、いわゆる個人的教育学もいわゆる社会的教育学も、きまって教育の広狭二義ということをいい、広義の教育という名のもとに社会的環境の全影響を一応取り上げ、しかしこれをすぐに手放して、もっぱら狭義の教育すなわち学校教育のなかに閉じこもった」[25]と述べている。

こうした指摘は、学校の機能を消極的にとらえていると評価するものもいようが、学校の機能を十全に発揮するための示唆として引き取ることもできる。宮原は「社会的生活そのものによる人間の形成を、教育と名づけることによって、人間の形成のための目的的な努力であるところの教育という社会現象の本質がみうしなわれてしまう」[26]と述べているが、これは「社会的生活そのものによる人間の形成」という観点から「教育」をみれば、「教育という社会現象の本質」は、その機能を発揮することもできると読み直すこともできる。

それでは、そこでいう教育とはいかなるものか。再び、デューイの議論を参考にしよう。なぜデューイかといえば、デューイは「形成」という言葉は使っていないが、学校教育が人間の社会での生活における〈部分〉であるという認識をもったうえで、その〈部分〉がその機能を発揮するためにどうあるべきか、ということを述べているからである。デューイは「子どもが学校のそとで得る経験を……学校そのものの内部で……利用することがさっぱりできない」ことの背景には、「子どもの日常生活の経験」と「個々ばらばらな教材」に「間隙」があることを指摘していた。この「間隙」は、〈部分〉であるはずの学校が、「すべての側面がむすびあわされている世界に生活している」人間とその「文化（知識を含め）」を教育の名のもとに切り刻むことから生じていた。ここから、人間が社会で生活している「状況（文脈）」に結びつけて教育をとらえ直すという視角が浮上するのである。

以上の考察より、学校の機能を十全に発揮するうえでは、学校は子どもが社会生活するなかの〈部分〉であり、社会という〈集合〉によって包含されているものであるため、〈部分〉である学校と〈集合〉である社会とを連結する視角、すなわち生活の経験という「状況（文脈）」から、学校での教育を再現する必要があるということが見出されるのだ。(27)

四　世界と相互作用する経験を再現する

こうした生活の経験という「状況（文脈）」への着目は、シティズンシップに関する教育でも注目されている。そうした点に注目し議論を展開するのが、ガート・ビースタである。

ビースタは、「シティズンシップの学習は、彼らの実際の経験とシティズンシップの実際の『状況』から起こる学習である」という。(28) これは、デューイが、「子どもの日常生活の経験と……個々ばらばらな教材とのあいだにある間隙」と述べていたものを「シティズンシップの実際の『状況』」によって埋めようとしているものとして解釈できる。この点からビースタの議論は、「子どもの日常生活の経験」と「状況（文脈）」に着目していたデューイの議論を、シティズンシップの観点から進化発展させようとしているのだといえる。

ビースタの議論で興味深いのは、「シティズンシップを教えることから……民主主義が学ばれるさまざまなあり方へ、焦点を移す[29]」という視点である。「教える」のではなく「学ばれる」という発想には、人間という存在を「世界に『もとづいて』、それと『ともに』行為している」存在、すなわち「関係的な存在」として把握するという考えがある。人間は「実際の経験」や「実際の『状況』」と関わる〈行為〉によって、世界と結びつき、世界について認知する存在である。それゆえに「わたしたちが世界と相互作用することによってのみ世界について知ることができる」のだといわれる[30]。

それでは「世界と相互作用」して目指すところはどこか。それは、多様な価値をもった人間で社会は構成されていることを知り、その複数性に対応する力をつけることだといえる。ビースタは、人間が社会で存在するなかで「個人がよき生活について異なる考え方、異なる価値、なにが重要かについて異なる理念をもっている事実」があることを強調している。それを踏まえ「民主主義政治の目的というのは、なんらかの方法で複数性の事実に対処すること」だとしている[31]。「実際の経験」や「実際の『状況』」に関わるという「世界と相互作用」を通じて、「よき生活について異なる考え方、異なる価値、なにが重要かについて異なる理念」をもった人間が社会で存在していることを知ること、この認知行為こそが、シティズンシップの学習であるとビースタは考えているようなのである。

こうしたビースタの議論から、子どもを「関係的な存在」として「世界と相互作用」することができるよう、子どもの「経験」と「実際の『状況』」とを結びつけて教育として再現することが、シティズンの形成や民主主義の学習に寄与するということが導き出されるのである。

五　「状況（文脈）」概念から道徳教育を構想する――〈関係モデルとしての道徳教育〉

それでは、子どもの「経験」と「実際の『状況』」を再現する道徳教育は、いかに構想できるか。ひとつの方法は、人間の行為・行動で当然のこととして「正しい」／「よい」とされていることが、社会での生活や他者との関係でみた場合に、真にそうであるかを問うという学習が考えられる。[32]子どもは、大人や教師によって「正しい」／「よい」とされていることが真にそうであるのか、日常生活のなかで疑問や違和感をもっている。この疑問や違和感の〈場面〉を、「矛盾や対立に面して」いる「状況（文脈）」としてとらえ、それを意図的に再現することで「道徳的な意識を目覚ます」のである。

もちろん「正しい」／「よい」とする価値づけは、その人その人によって異なるものである。むしろそういう実態を知ることを通じて、社会が単一の価値でできあがっているのではなく、「異なる考え方、異なる価値、なにが重要かについて異なる理念」で成り立っていることを子どものみならず教師も「世界と相互作用」することによって知っていくのである。こうした認知行為は、自らと異なる価値に対して承認したり、寛容になったりする、訓練になるという意味で、民主主義の目的であった「複数性の事実に対処すること」にもなる。

翻って価値に関わる複数性の認知や価値に対する承認の訓練は、シティズンの形成や民主主義社会の進展にとって必要不可欠なことである。にもかかわらず、社会科を含め、これまで教科で取り扱われることはなかった。道徳は本来価値を探求する営みであるため、こうした内容を道徳教育で取り扱うことは内容的にも整合する。だが、そうならなかったのは、徳目主義道徳教育にみられるよう、学校では「正しさ」／「よさ」はひとつであることが決められてきたからである。こうした道徳教育は民主主義の理念と相反している。この相反の流れをくい止めるためにも、民主主義の理念と実態に即して社会は多様な価値を信奉する人によって構成されていることを理解する機会が必要となる。そうした「民主主義を学習する機会」として道徳教育を位置づけるのである。

もちろん非民主主義的な徳目主義道徳教育が民主主義の装いをもって展開されている現状において、複数性に対応した真の民主主義教育の実践をどう広げていくのかは課題である。課題克服の鍵は、「状況（文脈）」から離脱した知識に馴化され、民主主義を知識として理解する教師とその卵たちに、実際の民主主義を経験する学習機会をどう創っていくかにある。[33]その点では、教員養成や教員研修をするもの自身の知識観と民主主義観こそが問われているのだといえよう。

注

（1）この対立構図については、以下の論文で整理している。福島賢二「戦後道徳教育の議論の争点と実践的課題」『人間と教育』第一〇一号、旬報社、二〇一九年。

（2）例えば小笠原道雄らによって執筆された『道徳教育の可能性』福村出版、二〇一二年、では多様な角度から道徳教育を検討している。教育哲学会では年報において『道徳の教科化と教育哲学』という特集を組み、道徳の原理について興味深い議論を展開している（『教育哲学研究』第一一二号、二〇一五年）。

（3）松下良平「道徳教科化と国民国家をめぐる政治学」『現代思想』Vol.43-8　青土社、二〇一五年、一八一頁。
（4）河野哲也『道徳を問いなおす―リベラリズムと教育のゆくえ』筑摩書房、二〇一一年、二六頁。
（5）道徳について精緻な分析をしている松下の議論もこうした点は否めないし、河野も子ども哲学の意義を主張しているものの、その議論とシティズン形成の議論とは未だ距離があるように思われる。
（6）松下は道徳の読み物教材「手品師」を例に「状況を変えようとすることなくそのまま受け入れたうえで、事態を収拾させるためなら理不尽な自己犠牲をもあえて受け入れる人間」を推奨する道徳観を批判している（松下良平『道徳教育はホントに道徳的か？』日本図書センター、二〇一一年、一一八頁）。河野も日本の道徳教育は、「個人が社会に貢献することが強調され、社会が個人に対して為すべきことについてはほとんど触れられていない」道徳観であることを批判している（河野・前掲書、二四頁）。
（7）平原春好・寺崎昌男ほか編『新版　教育小辞典（第三版）』学陽書房、二〇一一年、二五三頁。
（8）佐貫浩『道徳性の教育をどう進めるか』新日本出版社、二〇一五年、六三、六五頁。なお、注（10）に記載していることがねらいであり、佐貫を批判することが目的ではない。アンビバレントな診断になるのは、政策分析のみならず実践診断もできるという佐貫の分析能力の高さゆえという面があることは付言しておく。
（9）松下良平『道徳の伝達――モダンとポストモダンを超えて』日本図書センター、二〇〇四年、二一頁。
（10）全面主義のパラダイムによって可視化されていないものをみるべきという主張であり、全面主義が無用であるというものではない。なお全面主義に対する筆者の現時点での評価は、生活指導等、教科外活動であればシティズン育成に関わる道徳教育は可能だと思われるが（例えば関口武『子どもから企画・提案が生まれる学級』高文研、二〇一五年など）、生活科を除いた教科といった場合には難しいという診断をしている。理由は、教科の場合、バジル・バーンステインのいう「分類（classification）」と「枠づけ（framing）」が強いため、文脈離脱した知識伝達の授業から離脱することが困難であるからである。
（11）勝田守一『勝田守一著作集4　人間形成と教育』国土社、一九七二年、四六六頁。
（12）同右、四六七頁。

(13) 例えば藤田昌士は、「インドクトリネーション（おしつけ）としての『道徳教育』への批判を含めて、私たちは、道徳教育において、子どもの自主的な価値選択の能力を育てることを基本としなければならない」と勝田の議論の継承の必要性を説いている（藤田昌士『道徳教育』エイデル研究所、一九八五年、二三九頁）。

(14) 奥平康照「自主的価値選択主体形成の道徳教育の可能性」『人間と教育』第六二号、二〇〇九年、八五頁。

(15) 「状況（文脈）」概念に着目する必要性については以下の論文でも指摘している。その際筆者は、勝田の自主的価値選択論に対して「主体が『負荷なき自己』（状況づけられていない主体）になっているといわれても仕方なかろう」と述べた（福島・前掲論文、二〇一九年、六〇頁）。この論考に対して藤田昌士氏から丁重な応答を頂いた（「民主的道徳教育の創造」『人間と教育』第一〇五号、旬報社、二〇二〇年）。藤田氏の論考より勝田の議論の背後にあった時代（政治）状況について示唆を得た。しかし私が想定する「状況づけられている主体」とは、政治状況も含まれるが、それだけではない。そのため、説明不足を補う意味でも本稿では、以前の論考とは別角度の視点から「状況」概念について考察している。

(16) 佐伯胖『「わかる」ということの意味（新版）』岩波書店、一九九五年、一一二頁。佐伯の議論の基礎には「正統的周辺参加論」がある。その理論の訳書解説では「学びとは人びとと共同で…なにかを作り出すという実践の中で『やっていること』なのだから、学習だけを社会実践の文脈から切り離して、独自の目標とすべき対象活動でない」。「学びの実践共同体は、社会や文化の中にあり、学校や教室はそこへ子どもがアクセスしていく『橋渡し』の場としてみなすべきではないだろうか」と述べられている。ジーンレイヴ・ウェンガー『状況に埋め込まれた学習』佐伯胖訳、産業図書株式会社、一九九三年、一八七〜一八八頁。

(17) 松下良平『知ることの力—心情主義の道徳教育を超えて』勁草書房、二〇〇二年、四七〜四八頁。

(18) 同右、四九〜五〇頁。

(19) デューイ・ジョン『学校と社会』宮原誠一訳、岩波書店、一九五七年、二五頁。

(20) 同右、八二、八一頁。

(21) 同右、九五頁。

（22）同右、六二頁。
（23）同右、八二頁。
（24）同右、一八一頁。
（25）宮原誠一『宮原誠一教育論集　第1巻』国土社、一九七六年、一五頁。
（26）同右、一四頁。
（27）もっとも「状況（文脈）」から学校での教育を再現したとしても、社会という〈集合〉において学校は〈部分〉であることに変わりはなく、いかなる学習方法をとってもその機能には限界がある。むしろ学校の限界を意識し、その限界を突破するために学校外での学習、例えば社会教育の意義や可能性にも目を向けるべきである。
（28）ビースタ・ガート『民主主義を学習する』上野正道ほか訳、勁草書房、二〇一四年、五七頁。
（29）同右、一八四頁。
（30）同右、一一五頁。
（31）同右、六〇頁。
（32）これを筆者は〈関係モデルとしての道徳教育〉として提唱している（福島賢二「社会的つながりから道徳教育を構想する」『教育』第八六一号、かもがわ出版、二〇一七年）。こうした道徳教育は、職業観や人生観の学習にも連結するものであり、真正のキャリア教育として展開することもできる。既存のキャリア教育を批判するものとして児美川の研究が参考となる（児美川孝一郎『キャリア教育のウソ』筑摩書房、二〇一三年）。
（33）すでに筆者は、こうした実践力の育成を勤務校（埼玉大学）の授業（道徳教育論）で行っている。この実践紹介とその学習効果については、近く論文として発表する予定である。

教育産業によってくち溶ける公教育

――「棲み分け」から「侵蝕」、そして「民営化」へ

児美川孝一郎

いま私たちは、公教育の歴史的な大転換のとば口に立っているのではないか。この大転換の主役を演じるのは、教育産業である。今日の教育産業は、塾や予備校、教科書・教材会社、通信教育といった伝統的な教育系企業だけではなく、人材ビジネスやＩＴ企業、コンサル系企業といった新規の参入者を迎えて拡張し、市場規模を拡大させている。いまやこうした「新・教育産業」が提供する民間教育事業が、さまざまな経路を通じて学校教育の内部に深々と侵入し、公教育は「公的機関によって担われる」という原則を危機的な状況に晒している。将来的には、学校の民営化をも実現させかねない勢いである。こうした事態をどう捉えればよいのか。教育産業と公教育とのこれまでの関係史を踏まえつつ、危機に立つ現在地について考えてみたい。

一　過去――学校教育との「棲み分け」

やや便宜的ではあるが、教育産業と学校との関係の推移を、過去、転換期、現在、近未来に分けて概観してみたい。

戦後の教育史を振り返ると、[1]都市部を中心に、進学塾の存在が目立ちはじめたのは、一九五〇年代後半のことである。この流れは、六〇年代以降には、高校や大学進学率の上昇、受験競争の激化を背景に、全国各地に進学塾や予備校を数多く誕生させることになった（第一次塾ブーム）。そして、七〇年代後半になると、低成長期への移行を背景とした「学歴」期待の高まりや、教育課程の過密化によって「落ちこぼれ」が社会問題化したことなどを受けて、進学塾・予備校だけではなく、補習塾が幅広く生まれた（第二次塾ブーム）。さらに、八〇年代以降には、公立学校の「荒れ」を背景に「私学ブーム」が生まれ、共通一次試験の導入など受験競争がいっそう過熱するなどしたことで、塾ブームは地方にも浸透し、同時に、塾通いを低年齢化させていった（第三次塾ブーム）。

こうした塾産業の成長は、九〇年代以降も続き、ピーク時の一九九六年には、一兆円を超えるまでの市場規模となった。[2]その後は、長引く不況や少子化の影響を受けつつも、保護者の公立学校への不信や「ゆとり教育」への不安なども巧みに取り込みながら、塾・予備校は、日本社会のなかに確実に市民権を得つづけてきたと言える。

猛烈な勢いで市場規模を拡大させた塾産業は、いわば教育の「私事化」を推し進めるものである。では、そうした塾産業と公教育としての学校とは、これまでどのような関係に立ってきたのか。少なくとも一九九〇年代までであれば、端的に「棲み分け」という表現が当てはまる。要するに、子どもも保護者も、学校と塾・予備校を、用途に応じて都合よく使い分けて活用する。しかし、学校と塾・予備校の両者が協力したり、連携したりすることはありえなかった。塾・予備校は、すべての子どもが利用するわけではなく、受益者負担の原則で営まれるものである以上、そうした民間教育事業は、公教育の「外」に位置づくものとされたからである。もちろん、現実問題として、入試関連の情報収集や模擬試験等のデータに基づく合否判定などにおいて、塾や予備校の力が学校を凌駕し、学校教育が塾・予備校を頼りにするということはあった。しかし、建前としてそれは、あくまで「必要悪」として密かに行われるべきものであったのである。

こうした意味で、教育産業と学校の関係史の古典的な段階においては、塾産業は公教育の内部に立ち入ることはできず、両者は相互不可侵の関係を保つことが原則であった。だからこそ、例えば一九八〇年代半ばの臨時教育審議会の発足時には、「教育の自由化」論が脚光を浴び、「塾を学校に」という論陣が張られたこともあったが、それは、アイデアの新奇さへの傍観者的な関心を喚起することはできても、原則論として教育界や世論に受け入れられることはなかった。また、九〇年代半ばには中学校を舞台に「業者テスト・偏差値」排除の動きが起きたが、それは、当時の中学校における進路指導があまりに教育産業に依存しており、校内での業者テスト実施、進路面談時の偏差値利用など、教育産業と公教育の関係の原則を踏み外していたことに対して、政策的なメスを入れるものであったのである。

二　転換期――学校教育への「侵蝕」

ところが、その後は、教育産業は学校教育の内部には不可侵であるべきという原則は、数多くの場面で踏みにじられ、むしろ原則としての体をなさなくなっていく。いったいいつ頃から、こんな状況になったのか。

教育政策を見ると、文部省が塾産業の存在を、「放置」「黙認」から「認知」へと大きく方針転換して把握するようになったのは、一九九九年の生涯学習審議会答申「生活体験・自然体験が日本の子どもの心をはぐくむ」からである。それ以前には、「過度の学習塾通い」が、子どもたちの心身の発達に悪影響を及ぼしかねないことについて、幾度もの通知を発して(3)いたことからわかるように、文部省にとっての学習塾は、けっして好ましい存在とは認められていなかった。先の「棲み分け」原則に則って、せいぜい放置・黙認しておくべき対象でしかなかった。しかし、学校五日制の完全実施を見すえたこの答申以降、学習塾は、子どもたちに「生きる力」を育むための学校教育のパートナーとして、公的に認知されるようになったのである。

こうした文部省の方針転換がどれだけの影響力を発揮したのかは、もちろん正確にはわからない。

しかし、それは、ある意味で塾業界を勢いづけ、学校五日制の完全実施後には、学校と学習塾が連携して、土曜日の学習プログラムを組むような事例をも登場させた。いや、それだけではない。学習塾と地方自治体が連携して、公立中学校で「夜間塾」を開講したり、官民連携教育に取り組んだりするような事例[4]も登場する。そして、各県の学力向上事業においては、予備校の衛生授業を校内で生徒に受講させる高校や、塾・予備校の講師の手を借りて、高校の教員研修を実施するような自治体も登場してきたのである。こうして、塾・予備校による学校教育への「侵蝕」は、学校五日制を前提とした「生きる力」の育成といった、当初の遠慮がちな枠組みをはるかに超えて、受験や学力競争への対応といった塾・予備校業界がもっとも得意とする分野に広がってきたのである。

受験競争や学力競争は、少子化のもとでは学校間競争としても現出する。それゆえに、学校教育の側には、自らが教育産業に依存していく内発的な「根拠」が発生する。逆に、教育産業の側は、「連携」に名を借りつつ、学校教育に「侵蝕」していく機会をつかむのである。こうした関係性を押しとどめる力は、双方にとって存在しない。むしろ、言い方はよくないかもしれないが、Ｗｉｎ－Ｗｉｎの関係が成立する。これこそが、二〇〇〇年代以降、教育産業は公教育の内部には不可侵であるべきという従来の「原則」が、なし崩し的に崩壊していくメカニズムにほかならなかった。

三　現在――「侵蝕」の拡大、普遍化へ

では、二〇二〇年代を迎えた現在、教育産業と学校との関係はどうなっているのか。端的に指摘すれば、教育産業による学校教育への「侵蝕」の度合いが深まり、しかも、その対象領域を広げていると言わざるをえない。

第一に、少子化の進展を背景として、経営が厳しくなった私立学校のなかには、生徒募集から教育課程の編成や教学改革、学校運営、授業改善や教員研修などを、あるいは、それらをセットにしてコンサル業者に委託するような学校が出てきた。逆に、教育産業のなかには、経営が厳しくなった私学から学校法人格を獲得して、私立学校の経営に乗り出すようなところも出てきている。これらは、受験や学力競争への対応といった塾業界の従来の得意分野をはるかに超えて、学校経営そのものが、教育産業にとって公教育への侵入のターゲットとなってきていることを示している。

第二に、教育政策の展開と密接にかかわりながら、教育産業が公教育に侵入してくる経路と突破口が巧みに作られつつある。今のところ、主要な経路となっている政策領域は、二つある。

一つは、「高大接続改革」の関連であり、ここ数年のうちに、「高校生のための学びの基礎診断」の実施・運営、「大学入学共通テスト」における英語外部試験の導入、国語と数学の記述式問題の採点、大学入試の調査書における「主体性」評価に資するための「ＪＡＰＡＮ ｅ-Ｐｏｒｔｆｏｌｉｏ」の

運用などが、すべて民間教育事業者に委託されてきた。もちろん、このうち「高校生のための学びの基礎診断」以外は、その後、すべてが延期、見送り、運営許可の取り消し等に至っていることは周知のとおりである。内容的にはかなり杜撰な制度設計であったにもかかわらず、政策的にはともかくも民間委託を急いでいたことがわかる。

なお、「高大接続改革」の周辺では、あくまで教育産業による営利活動としてではあるが、「高校生のための学びの基礎診断」や「大学入学共通テスト」を模した学力診断テスト・模擬試験、「JAPAN e-Portfolio」に連動する教育ICTプラットフォームなどが提供され、全国の相当な割合の高校で採用されていることにも注意が必要であろう。要は、これらの民間教育事業者は、委託を通じて大学入試という公的な制度上に堂々と参入すると同時に、営利活動としてその準備や対策のためのサービスを提供するというマッチポンプのような活動によって、公教育と不離不即の関係を築いているのである。

もう一つの政策的な経路は、Society5.0に向けた教育改革や「GIGAスクール構想」の関連である。これは、政策構想としては、ICTやAIをはじめとする最新テクノロジーと教育上のビッグデータの活用によって、公教育のイノベーションを図り、学校のかたちを変えていくというスケールの大きなものである。が、現時点で実際に動いているのは、デジタル教科書、児童・生徒への一人一台の端末配備、学校のネットワーク環境の整備、そして経産省による「未来の教室」実証事業であろう。「未来の教室」実証事業は、現状では補助金によるトライアル事業の枠を出ていないが、学校と民間事業者が連携するかたちで、ＩＣＴをフル活用した学習プログラムの作成、探究型の「ＳＴＥＡＭ教育」[5]のコンテンツ作成、教員研修などの試行が行われている点が注目される。これらはいずれも、近い将来、教育産業が公教育に全面的に参入してくる際の突破口になりうるものである。実際、経産省による二〇二〇年度の「ＥｄＴｅｃｈ導入補助金」事業は、参加する企業数にしても学校数にしても、一九年度までの「未来の教室」実証事業よりも大きく裾野を広げてきている。

いずれにしても、教育産業と学校との関係史の現在地は、教育産業による公教育への「侵蝕」が度し難いほどにすすみ、かつ、それが政策的にも強力に誘導されているという点に、新たな特徴を見いだすことができる。しかも、それは、公教育の一部への「侵蝕」ではなく、学校におけるＩＣＴ活用に端的なように、公教育全般へと普遍化されつつある。

四　何が教育産業による「領域侵犯」を可能にしたのか

それにしても、である。いったい何が、教育産業による公教育へのこれほどまでの「侵蝕」を可能にしたのか。

第一に、教育産業が自らの力量を顕著に高めてきたことを認めないわけにはいかない。塾産業にしても、いまや進学塾や予備校は、効率的な学習法や入試で役立つ解法のテクニックを教えるだけの場所ではない。学力向上という目的が放棄されるわけではないが、そのためにこそ、「触発型」であれ

「探究型」であれ、研究者からも正当に評価されるような授業を展開する教室や、教育政策を先取りして、「アクティブ・ラーニング」や「反転授業」の手法を駆使したり、ＩＣＴやＡＩを活用して学習の「個別最適化」に取り組んだりする塾・予備校も登場してきている。[6]

また、学習指導だけではなく、その前提となる学習到達度の診断、模擬試験に基づく合否判定、多様化・複雑化した大学・学部をカバーする進路情報の提供、教育ＩＣＴツールやプラットフォームの提供などにおいても、学校を超えた大量のデータを所有する教育産業が、個々の学校や教師を凌駕する力量を獲得していることは否定しえない。

なお、こうした教育産業の底力の向上には、少子化の傾向が明らかになって以降、教育産業そのものが、生き残りをかけて巧みな業界再編を図ってきたという背景も存在している。一方で、伝統的な塾産業に従事してきた民間教育事業者は、経営を多角化させて、その対象の拡大を図ってきた。と同時に、人材ビジネスやＩＴ業界、コンサル業界等からは、民間教育事業への新規の参入が続いた。結果として、そこには従来とは異なる「新・教育産業」が立ち上がり、事業形態と市場規模を拡大させたのである。[7]

第二に、教育産業がいかにその力量を向上させてきたとしても、それを公教育へと呼び入れる経路が存在しなくては、今日のような規模での教育産業による学校教育への「侵蝕」は実現しない。学校が、保護者に対して経費負担を求めるかたちで民間教育事業を導入することも可能であるが、それには自ずと限界がある。現在、公教育に関与する教育産業の市場規模は、家庭の「受益者負担」を前提としてきた伝統的な事業とは、およそ数桁は違うであろう額に及んでいる。言うまでもなく、それを可能にしているのは、入試や公的テストの実施、ICTの基盤整備等も含めて、広義の公教育の実施・運営にかかわる公費が、民間委託という形式で教育産業へと流れているからである。

文科省の姿勢は、もはや塾・予備校の存在を「認知」するといった段階をはるかに飛び越えている。教育産業は、教育政策の実施のためのパートナーであり、高大接続改革がまさにそうであったように、いまや政策サイドが自らの手に余るような事態に直面した際には、「困ったときの民間頼み」の対象にさえなっている。文科省でさえもが、教育産業と公教育の関係についての「原則」をここまで踏みにじっているのである。そうであれば、Ｓｏｃｉｅｔｙ5.0に向けた教育改革や「ＧＩＧＡスクール構想」において、経産省や総務省が何のためらいや遠慮もなく、教育産業の公教育への参入を促進するのは自然の理というべきだろう。

第三に、今さら指摘するまでもないかもしれないが、ここまで教育産業を勢いづかせ、かつ、政策サイドの民間事業者「依存」の体質をつくりあげてきた背景として、一九九〇年代以降の日本社会と政治の世界の奥深くにまで浸透した新自由主義の問題がある。

新自由主義は、伝統的には専ら公的セクターが担ってきた、「社会的共通資本」に属するはずの事業にまで「例外なき市場開放」を求め、大胆な「規制緩和」を主張する。それだけではなく、公的事業の運営を市場原理に基づく競争のもとに置き、「ニュー・パブリックマネジメント」論よろしく、その運営を民間企業の「経営」手法に準拠して行うように強要する。トップダウンによる意思決定しかり、競争原理にもとづく評価の網を貼りめぐらせたPDCAサイクルの確立しかりである。学校教育は、この三〇年あまり、こうした新自由主義に基づく「改革の嵐」に苛まれ、改変を図られてきた。その結果として、再編された今日の学校教育は、それが公教育として営まれていることはまちがいないのだが、実は教育産業が実施する民間教育事業とも容易に結びつき協働する接点、いや接合面を有している。「新自由主義」という補助線を引いてみればわかるように、現在の公教育は、教育方法やICTツールの活用、多様な評価手法の活用、学校運営や教員管理、入試を含む教育制度の管理運営において、自らを「新自由主義教育」へと転態させることで、そこに教育産業を呼び込み、迎い入れる経路を開いているのである。

五　近未来――公教育の「融解」へ

さて、今後、事態はどう進むのか。これまで以上に公教育がくち溶けていくことが危惧されるが、それには二つのステージを経由していくことが想定されよう。

第一ステージは、現在すすみつつある教育産業による公教育への「侵蝕」が、公教育全体へとさらに浸透し、完全に普遍化していく段階である。経産省による「未来の教室」事業の路線が、全般的に実現していくイメージと言えばよいだろう。同省の「『未来の教室』とEdTech研究会」の二度にわたる提言（二〇一八年、一九年）によれば、「未来の教室」は、ICTを駆使し、AIに導かれて子どもたちが行う「個別最適化」された教科学習と、企業等によるコンテンツを活用したり、連携したりしながら「ＳＴＥＡＭ教育」に向かう探究学習によって構成される。重要なのは、教科と探究の学びは、必ずしも学校の教室で行われる必要はないとされる点である。教科学習は、自宅でも図書館でも、オンデマンドの授業動画や学習プログラムに取り組んだり、診断テストを受けて到達度を確認したり、時にはネット上の「先生」に助けを求めながらすすめられる。探究学習であれば、近隣の施設やテーマにふさわしい現場のフィールドで、ネット上にいる世界中の学習者や専門家ともつながりながら取り組まれる。

こうした意味で、経産省が描く「未来の教室」とは、社会全体が「教室」となることを意味しており、そこでは公教育も民間教育事業もいっさい区別されることなく、フラットな関係となる。当然のことながら、これまでの学校のかたちは大きく変容・変質する。学習者の「主体性」や学びの「自由」が強調され、その美名のもと、民間教育事業が跋扈する反面、教育の公共性は、それを担保する公的な仕組みを失い、くち溶けていくのである。

第二ステージでは、第一ステージを通じた公教育の「内からの民営化」が徹底的に浸透するため、学校の管理運営を公的機関が担うことの実質的な意味が消失していく段階である。結果として、いわば「外からの民営化」である公教育（学校運営）の民営化が一気にすすんでいく。もちろん、少なくとも現時点の日本では、教育産業が公教育の学校設置や経営に乗り出すことができるのは、経営難に陥った学校法人を買収するか、いわゆる「特区」を活用して「株式会社立学校」を設立するしかない。

学校民営化の先進国であるアメリカの「チャーター・スクール」のような便利な制度[8]は存在しないので、このシナリオのゆく末は、やや不透明ではある。しかし、公教育の学校の「公設民営」を例外なく可能にするような法改正（制度改革）がなされれば、そうした制約はいっさいなくなる。近い将来、そうなる可能性がないとは言いきれないという点で、私たちは明らかに公教育の大転換のとば口に立っている。

六　何が問題なのか――「災禍便乗」型の教育改革の策動のなかで

公教育が大幅に「市場化」され、教育産業による「侵蝕」が普遍化する。その結果、公共性を駆逐された学校が「民営化」の餌食となる。悪夢のようなディストピアは、けっして遠い未来の絵空事ではなく、現在と地続きのところにあるのかもしれない。――こんなことを考えざるをえなくなったのは、二〇〇〇年二月末以降、新型コロナウィルス感染症拡大の影響によって、全国の学校が長期にわたる休校を余儀なくされた時である。

コロナ禍による臨時休校の期間、もっとも精力的かつ戦略的な振る舞いを見せたのは、いち早く「学びを止めない」キャンペーンを張り、「未来の教室」事業の拡張を図ろうとした経産省であり、それに呼応した教育産業である。数多くの民間教育事業者が、家庭や学校に向けて、オンライン上の教育プログラムやサービスを、期間限定・無償で提供しはじめた。それはさながら、Ｓｏｃｉｅｔｙ5.0

型の教育の実現に向けた壮大な「社会実験」が、突如として開始されたかのような感を呈していた。そして、学校再開後においても、「ＧＩＧＡスクール構想」の実施が前倒しされるとともに、中教審「新しい時代の初等中等教育の在り方特別部会」の議論(9)も、コロナ禍における経験をベースにしつつ、教室での対面授業とＩＣＴを活用したオンライン学習（家庭でのオンライン学習を含む）との「ハイブリッド型の学び」の実現を提唱した。

こうした政策展開に顕著なのは、コロナ禍に便乗しつつ、「はじめにＩＣＴ活用ありき、オンライン学習ありき」で施策がすすめられようとし、ＩＣＴ教育やオンライン学習には何ができて、何ができないのか、そのメリット・デメリットについての議論が冷静になされているとは思えない点にある。そして、にもかかわらず、ＩＣＴやオンライン学習の導入、それらを活用した教育プログラム等の提供は、教育産業による民間教育事業によって担われることが、当然のごとくに暗黙の前提とされているのである。

いったい何が問題なのか。問題点が多すぎて途方に暮れるばかりであるが、三点だけ述べたい。

総論としては、今すすみつつある教育改変が、子どもたちの未来を拓くものになるとはとうてい思えないということが共通の前提である。そのうえで、第一に、教育産業による公教育支配がこのまますすめば、日本の公教育は、特殊なかたちで、産業界に奉仕するＳｏｃｉｅｔｙ5.0型の人材育成という意味での「職業人の育成」にはつながるかもしれないが、「よき市民の育成」（主権者教育、シティズンシップ教育）という公教育本来の役割を放棄することになってしまう。

第二に、子どもたちの学びは、個別化された教科学習か、産業界の意向に沿って、テクノロジーで解決できるような範囲の「社会的課題」にアプローチする「ＳＴＥＡＭ教育」に終始し、本当の意味での社会的課題に向けて、クラス集団での学びの共同性や協働性を構築していくような教育は蔑ろにされてしまう。

第三に、民営化された教育は、子どもたちの学びを究極的なかたちで「自己責任化」してしまう。結果として、学力格差が広がることは誰の目にも明らかであり、とりわけ、急浮上したオンライン学習はくせ者である。家庭でのオンライン学習も公教育の一部に組み込まれるようなことになれば、それは、公教育の原理的な意味転換であり、格差拡大を防ぐための営為を放棄してしまうことにも等しくなってしまうだろう。

以上は、すすみつつある教育改変がもたらしかねない問題点であるが、最後に、私たち自身が、公教育への教育産業の「侵蝕」に慣らされてしまい、圧倒的な力を目の前にして、それを仕方のないことと受け取ってしまいかねないという問題がある。私たちは、公教育として何をこそ守らねばならないのか。現在の教育産業による公教育への「侵蝕」は、そのことを冷静に、原理的に、「最後の砦を守る」という気概で考えるための「鏡」である。流れに身を任せてしまうのではなく、抵抗の思想と実践を豊かに、そして全力で紡いでいくことが求められよう。

注

（1）新井郁男編『学校と塾や地域との間』ぎょうせい、一九九〇年、を参照。
（2）矢野経済研究所『教育産業白書』二〇〇四年、を参照。
（3）一九七七年三月一八日付、一九八七年一月三一日付の文部事務次官通知。
（4）早坂めぐみ「学校と学習塾の連携可能性の多様化」『日本学習社会学会年報』第一三号、二〇一七年、を参照。
（5）Science、Technology、Engineering、Art、Mathematicsを組み合わせて、課題解決的に学ぶ教育方法。コンテンツ作成や教育実施に際しては、産業界等との連携が必須であると想定されている。
（6）佐伯胖『子どもが熱くなるもう一つの教室』岩波書店、一九九七年、を参照。
（7）広瀬義徳「教育産業の多角的展開とその公教育関与の背景」教育政策二〇二〇研究会編『公教育の市場化・産業化を超えて』八月書館、二〇一六年、を参照。
（8）鈴木大裕『崩壊するアメリカの公教育』岩波書店、二〇一六年、を参照。
（9）中教審の議論は、学習指導だけには解消されない学校教育の役割を評価する「令和の日本型学校教育」の主張に見られるように、経産省のような、単純にスリム化した学校像を前提としているわけではない。しかし、ＩＣＴやオンライン活用を前提としたうえで、Ｓｏｃｉｅｔｙ5.0型の教育をめざすという共通基盤には乗ったものである点に注意しなくてはならない。

第Ⅲ章――地域に根ざす教育と民主主義

学校統廃合と小中一貫校問題に見る教育の住民自治

山本由美

一　増加する新自由主義教育改革のもとでの学校統廃合

学校統廃合をめぐる学校紛争が多くなっている。図1に見るように、二〇〇一〜二〇〇二年頃から全国の公立小・中・高校の廃校数は急増し高止まりしている。中でも先行的に廃校数を押し上げたのが、過去一五年総廃校数で全国第二位の東京都である。人口、児童・生徒数が増加しているにもかかわらず、二〇〇〇年前後、学校選択制の導入を背景にした小規模小中学校の廃校、産業構造の転換を受けた高校のスクラップ・アンド・ビルドによって二〇〇〇〜二〇〇八年の間に約一四〇校が廃校となっている。地方、地方ではいわゆる平成の大合併により二〇〇五年をピークに市町村合併が進められる中、過疎地で多くの統廃合が進められていく。その背景には、合併債の活用、合併後の弱い側の自治体の施設の「切り捨て」などがあると思われる。

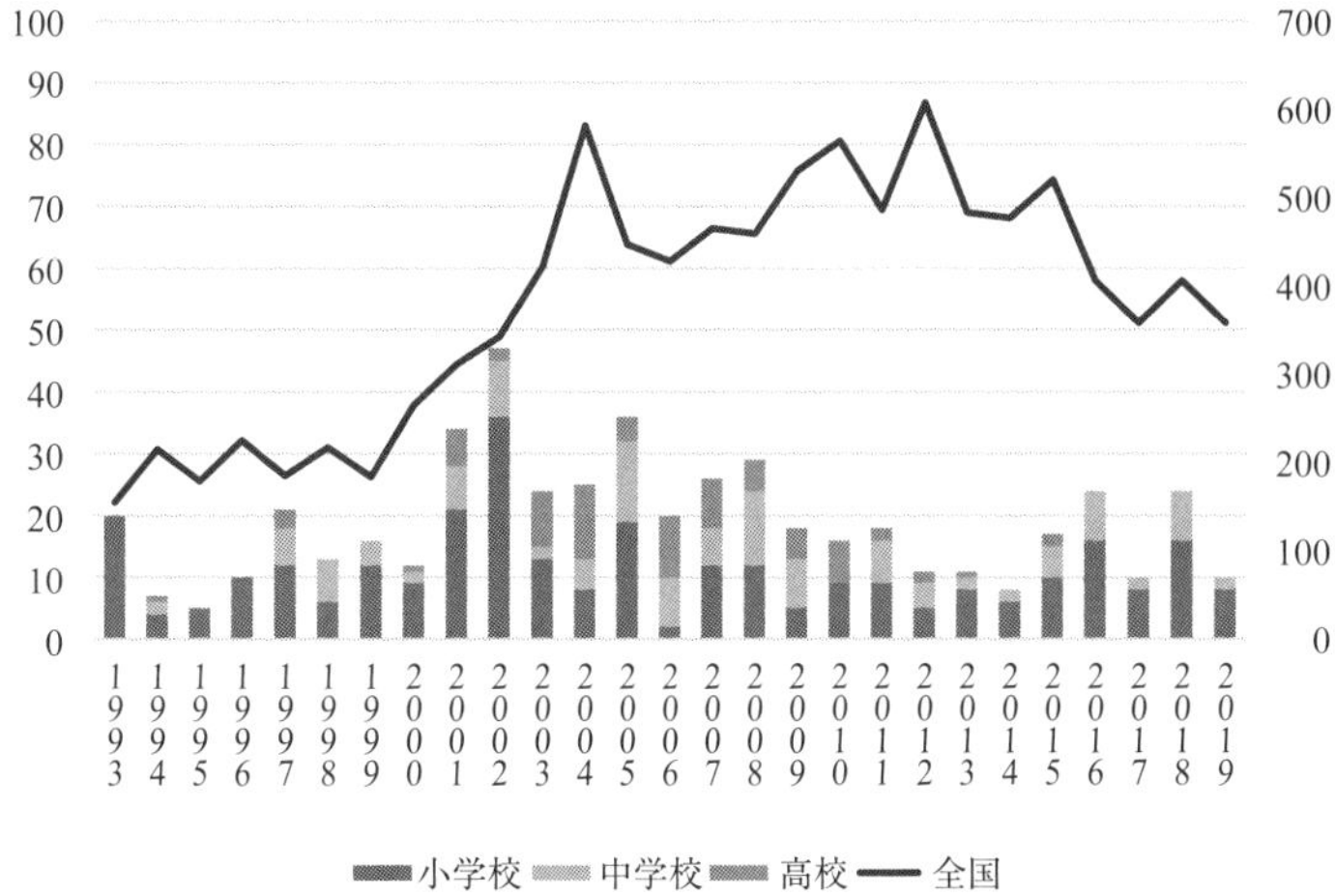

図1　全国と東京の廃校数推移　　(出典：文科省調査より山本が作成)

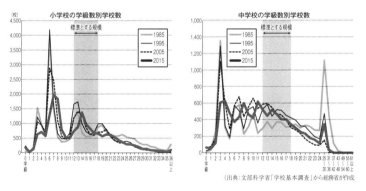

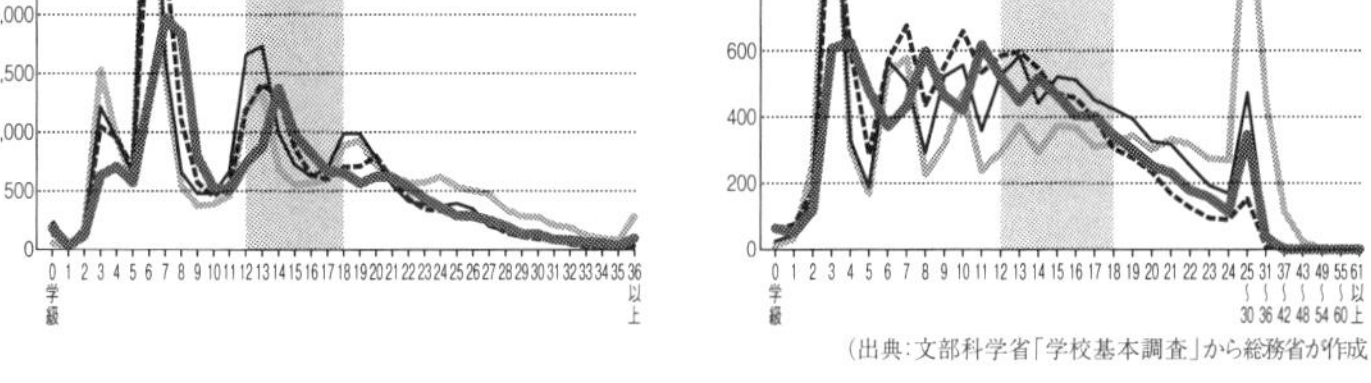

(出典:文部科学省「学校基本調査」から総務省が作成

図2　学級数別学校数

学級数別学校数の五年ごとの変化を見ると、図2に見るように、一九八五年、一九九〇年には全国に多くの単学級校が存在していた。従来、公立小中学校はどんな小さな自治体にも開設され、どこでも平等な教育サービスを提供する地域コミュニティの核として機能してきた。当然単学級校は多く、複式学級校や分校も多く存在していた。しかし、単学級校は小学校では一九九五年から二〇一五年の間に、中学校では二〇〇五年から二〇一五年の間に半減する。これは新自由主義教育改革の中で推進された学校統廃合の実態を反映している。ただし校数として単学級校はまだ多い。二〇一五年に58年ぶりに改正された文科省の統廃合の「手引き」である「公立小学校・中学校の適正規模・適正配置に関する手引き」が単学級校の「速やかな統廃合の適否」の「検討」を求めた。それでも各地で地域と結びつく学校を廃校にすることに抵抗は強く、なかなか進まない事態に業を煮やして、例えば二〇一九年に財務省は「11学級以下校の統合による解消」を進めることを柱とする提言案を財政制度等審議会歳出改革部会に提出している。

さらに地域の抵抗が強い大阪市では二〇二〇年四月、全国初の「適正規模（11学級以下）」条例化が行われ、それ以下の統廃合後を推進する政策をとるに至った。しかし本来教育委員会が担う教育的事項の中心である学校設置・改廃について、政治的な判断によって市条例で定めることは、教育への「不当な支配」になることが懸念される。また、実質的統廃合である小中一貫校についても一貫して政策的に推進されている。

本稿では、この二〇〇〇年代以降の新自由主義教育改革において増加した学校統廃合と、それに対抗する地域の共同について、教育法社会学的に検討する作業を始めたい。

藤岡貞彦は一九七〇年代に多発した学校統廃合をめぐる地域紛争に直面して、「父母住民の教育権の具体的なあり方」、「地域主体としての住民の諸権利のなかでの教育権の具体的なあり方」を「教育権の民衆による自覚化過程の結果」といいかえうるのなら、学校統廃合問題をめぐる、その動態分析こそが教育法社会学固有の課題だ、ととらえている。[1] しかし当時と現代の大きな相違は、新自由主義教育改革において、学校統廃合の対抗軸となる教職員、保護者、地域の共同が困難になっているという点であろう。その上で対抗軸となる「教育の住民自治」の可能性をさぐりたいと考える。

一九七〇年代、教育法社会学固有の課題としての学校統廃合

教育法学はまず一九六〇年代以降、国家の教育内容統制に対して教育の自治を守るロジックを構築する教育法解釈学としての展開を見る。続く一九七〇年代前半、全国の過疎地で多くの統廃合紛争とそれを受けた裁判闘争が多発する。対抗運動としての保護者・住民による同盟休校、自主的な「寺子屋学習」などが起きたこの時代に、前述の藤岡は、教育法社会学に固有の課題として学校統廃合問題を挙げているのだ。

そこでは教育法学者、今橋盛勝による茨城県黒子小学区で同盟休校まで引き起こした紛争事例に基づく分析[2]が紹介される。今橋は当時の学校統廃合に反対する運動が提起するいくつかの教育法論理上の問題を挙げる。[3] 第一に、父母、住民の意思を無視した議会・教委の決定に対して憲法・地方自治

の民主主義の原理からどう評価するか、といった点が指摘される。文部省による最初の統廃合「手引き」が公表された一九五七年は、教育委員会が公選制から任命制に移行された翌年であった。また学校設置、配置については、「教育（行政）の住民自治」を実現するべく導入された公選制期の地方教育委員会の住民代表的な性格が最も求められた事項であった。[4]一九四七年の新制中学新設に際して、住民の意思を反映した協議機関が求められたからだ。第二に、父母・住民・教師の反対運動が「地域内に潜在する父母・住民の教育力の存在を教えた」という認識から、「民主的教育（行政）の地域における担い手の生成・拡大の可能性の問題」、が挙げられる。[5]これはまさに教育法社会学における課題といえよう。第三に教育条件の整備とは何か、といった課題が指摘される。

いずれにせよ七〇年代の多くの統廃合反対紛争と深められた理論は一つの到達点として、一九七三年の文部省初中局通達、いわゆる〝Uターン通達〟を獲得する。小規模校の教育的効果を認め、機械的な統廃合を非とするこの通達後、全国の廃校数は激減する。統廃合を財政誘導によって急増させた統合校舎建設費国庫負担率三分の二までの上昇が、危険校舎の場合にも適用されるようになった一九七四年の特別措置の影響も大きい。

さらに一九七六年の名古屋高裁金沢支部判決は、富山県山間部で紛争化した小学校の統廃合執行停止決定を下した。この判決は小学校への徒歩通学がもたらす「地域自然との接触」、学校と家庭との親密感、近距離感等が子どもの「人格形成上、教育上の良き諸条件」であるとする画期的なものであった。ここでは「教育条件の整備」に単なる学校設置等ではなく、通学条件、地域との関係等、子どもの人格形成に寄与する多くのものが含まれている。黒子小も富山の事例も、保護者、住民らは自主的に同盟休校し「地元での寺子屋学習」などを組織して徹底的に対抗していたケースであった。

二　新自由主義教育改革における学校統廃合

それでは、一九九〇年代後半以降の新自由主義教育改革の中で進められる学校統廃合は一九七〇年代の分析とどのように異なっているのだろうか。新自由主義教育改革について筆者は二〇〇九年に「国家が決定した教育内容に関わるスタンダードの達成率に基づく、学校間・自治体間の競争の国家による組織を内容とし、エリートと非エリートの早期選別を目的とした徹底的な国家統制の仕組み〜」と定義した。さらに二〇一四年に「同時に新しい市場を創設する」を追加した。基本的に新自由主義教育改革は、財界が求める経済的目的に資して教育制度を序列的に再編していくための「道具」とみなすことができる。さらに付加価値的に、新たな市場を開拓する。学校統廃合は、学校制度の序列的再編の手段であると同時に、跡地利用など企業に大きなメリットをもたらすものである。以下、新自由主義のもとでの学校統廃合の対抗軸の特色を挙げてみたい。

第一に、「学校自治」の共同を構成する主体であるはずの保護者の分断が徹底して進められている点が挙げられる。各地で、教育行政の宣伝に不安を煽られて保護者は率先して統廃合を進める主体となってしまう。あるいは、「教育的効果」が高いと宣伝される「小中一貫校」の開設を要求してしまうケースもある。

新自由主義教育改革は「アカウンタビリティ（説明責任）」の名目で、保護者を「サービスの受け手」、教師の教育活動の「評価」者と位置付ける。特に「学校選択制」のもとでは、親の選択行動を利用することで小規模校を閉鎖させる方途を行政は習得した。自治体全体で選択制を導入しなくとも、統合ターゲット校周囲のみに選択を許可すること、指定校変更を緩和することで容易に廃校に追い込むことができる。さらに「切磋琢磨」「社会性が育たない」「人間関係の固定化」等、さまざまな俗説的な「教育的効果」論を多用することで保護者の不安を煽り、共同から分断する手法が徹底されるようになった。新指導要領の「主体的・対話的で深い学び」の必要性、小学校からの外国語の導入など、さまざまな改革が小規模校批判に結び付けられる。

小中一貫校制度も、ネガティブな改革である統廃合に対して、新しい教育改革の一環として「教育的効果が高く」「英語もできる」制度のメリットが宣伝に使われる。しかしその教育的効果もデメリットも十分に検証されているわけではない。

第二に同様に「学校自治」の中核をなす教師の自治が弱体化されてきた点が挙げられる。新自由主義教育改革の特色でもあるＮＰＭ（New Public Management、新しい公共経営）型、企業経営型学校運営が推進される中、教職員は人事考課等で厳しく評価され、あるいは「多忙化」の中で分断化されていく。「学校自治」が極端に形骸化、弱体化された状況において、トップダウンの施策は容易に貫徹される。

第三に、「教育の住民自治」の弱体化、あるいは論点の不可視化があげられる。学校統廃合などの問題から、「教育」の部分が一般行政にすり替えられ住民に見えにくくされている傾向が進んでいる。二〇一四年からの地方創生政策のもとで、総務省は全自治体に二〇一四～二〇一六年度に「公共施設等総合管理計画」を提出するように「要請」した。全ての公共施設を維持し、将来的に改修することに要する更新費用と、過去の平均経費を比較すると多額の赤字が算定される。そこで人口減や税収源も鑑みてあらかじめ公共施設の延床面積を一定程度削減しなければならないとされ、例えば「四〇年間で総延床面積を三〇％削減」といった数値目標が設定される。学校施設は公共施設の総延床面積の四～六割を占めることが多く、絶好のターゲットになる。計画に統廃合計画が記載されることで、起債などの対象となることが定められている。例えば小中一貫校も施設の「複合化」として地方債の適用対象となるなど、多くの財政誘導が用いられている。地域の文化センター、地域コミュニティの核、としての特別な「価値」を持つ学校という意識ではなく、「公共施設」の総延床面積に組み込まれた一部とされることにより、「行革の一環」、財政問題として意識される。「教育問題」ではなく一般行政の課題として扱われることにより、住民の意識を教育の課題からそらすことが可能になる。

第四に、地域コミュニティの形成に関わる問題がある。「地域」自体が政策的に上から組織化されようとしている。例えば二〇一七年に地方教育行政の組織および運営に関する法律の改正により自治体に「設置努力義務」が課された学校運営協議会を擁するコミュニティ・スクール制度は、トップダウンの施策を「下から賛同」する、もしくは地域を再編していくような活用も目論まれている。従来は、「開かれた学校づくり」をめざし、地域の委員に学校運営方針承認、教員任用権などを認める制度として期待されたものだが、新自由主義的な地域再編のもとで制度が形骸化され、地域の人材活用や、二校以上の学校に学校運営協議会を開設することによって小中一貫教育を推進していく役割が期待される。小学校の統廃合で従来の地域＝小学校区コミュニティをこわし新たに大企業が活動しやすいように大きく「地域」を再編していくような目的も課されている。

また別の問題として、一部の地域で人口、児童生徒数が急増しているのにもかかわらず、学校が新たに開設されず地域コミュニティが形成されない状況がある。前述の「公共施設再編」の発想に立つと、現在の住民のニーズがあっても新たな公共施設を開設することは困難となる。従来であれば小学校などを核にした計画的なコミュニティ形成が構想されるべきなのだが、三〇～四〇年の長い計画期間で公共施設を縮減していく計画の中で、現在の住民のニーズに行政は新たな施設をつくって応えていくことができにくくなる。東京都足立区の一八〇〇人規模の第二校舎、第二校庭を擁する小中一貫校、千葉県流山市の大規模施設一体型小中一貫校、京都府木津川市の大規模小学校などがそれにあたる。新たな沿線地域開発による人口急増地域で、過大規模校にとりあえず許容限度を超えて児童・生徒を「収容」していき、彼らに大きな負担を強いている。いずれも、本来行われるべき都市計画も不十分であるため、小学校を核とした地域コミュニティを形成していくことが困難になっている。

従来、福祉や保育などに関しても基礎単位となる小学校区は、昭和の合併前の自然村であったケースも多く、住民自治を形成する基礎単位としても機能する。逆に言えば、地域の新自由主義的再編をめざす政府にとって、計画の障害となる住民自治を解除することは意味を持つと思われる。

三　対抗軸の形成

しかし、保護者、教職員と比較すると、地域住民は最も統廃合への対抗軸となりうる意識を獲得しやすい立場にいる。地域の継続性、学校が地域にとって果たしてきた役割、学校閉鎖が地域衰退にダイレクトにつながる点など、地域差はあるが地域の学校が閉鎖されることに対してネガティブな意識を持つことができる。長い歴史を持つ地域のみならず（神楽や舞など伝統芸能を学校が核として継承している地域は時に対抗軸となる。）、いわゆるニュータウンとして、学校を核とした人間関係によってコミュニティが形成された実態がある地域は、しばしば対抗軸として登場する。

例えば、典型的なベッドタウンである兵庫県川西市（人口約一五万人）の緑台小学校学区は、保護者の運動が中心になって統廃合を阻止することに成功した。[7] 二〇一五年、ニュータウンの高齢化による児童減を理由として、近隣の学校と実質的統廃合である小中一貫校化計画が浮上した。計画はすでに決まったこと、としてPTAは説得される。しかし疑問を抱いた一名の役員が最後の市側保護者「説明会」の前に、市政相談をしている元市職員に電話をかけたことから事態は一変していく。本当に児童は減るのか、主権者は誰なのか、統合を決めるのは誰なのか、教育委員会なのか、数名の対話から学校での五〇名の保護者学習会へ、保護者は学習の中で学校を残すことに確信を持つことができる。説明会への参加を呼びかけるニュースは保護者と児童によって二時間で校区に全戸配布された。多くの保護者と高学年児童も参加した「説明会」は、質問や意見表明が続き五時間続けられ、教育長は計画案を持ち帰らざるをえなくなった。そこで五、六年生も「学校を残してほしい」と訴えた。その後、保護者達は数名で教育委員会訪問、市議会議員訪問を連日続け、それは二〇日間以上に及んだ。結果的に保守系議員が動いたこと、さらに保護者の独自調査で将来の児童数推計は教委側発表よりも多いことが判明し、計画は見直されることになる。地域の教職員組合の教師たちは情報提供などで保護者の運動をサポートしていく。

従来であれば、担任や校長に相談してそこで終わってしまう保護者の疑問が、統廃合に対して第三者から正確な情報を知りえたことから共同化され、運動に拡大していった。住民運動の経験のない保護者であるが大きな可能性を持つ存在であると、元市職員は指摘する。同様の高知県四万十市の中学存続のために保護者が立ち上がったケースでは、地域の教師が強引な統廃合によって「荒れ」た別の中学校の統合協議会会議録を紹介したことが運動の契機となっていた。

四　教育的効果、デメリットを検証することの重要性

統廃合のみならず多くの新自由主義改革で進められる施策は、正しい結果検証や科学的根拠を伴わずに実施されることが多い。多くの自治体で適正規模に用いられる「一二〜一八学級」についても七

三通達と当時の国会審議で教育学的根拠がないとされたにもかかわらず、今日も複数の自治体で用いられている。特に小中一貫校制度の教育的効果やデメリットについては、二〇一五年の学校教育法改正時に「一貫校と非一貫校を同一基準で効果を比較した先行研究はない」と文科省担当者は述べたにもかかわらず、その後も拡大されている。

そんな中で、自治体独自に調査を行い小中一貫校の拡大方針を見直した茨城県つくば市のケースは特筆されよう。つくばエクスプレス開通後の急激な人口増に対応して、前市長、教育長のもとで、全市規模の小中一貫教育の導入、二〇一二年、大規模施設一体型小中一貫校の開設、さらには合併した旧町の二中学校七小学校を統合した「義務教育学校」開設などが行われてきた。モデル校、春日学園は二〇一六年度に「義務教育学校」に移行し、二〇一七年度には児童生徒数二〇七〇名と日本最大規模となった。教委が「高い学力」が小中一貫教育の成果であると公表したことが一層の児童・生徒の流入、増加を招いたが、その相関は検証されたものではなかった。

しかし二〇一六年に新たに選出された新市長が教育社会学者、門脇厚司を教育長に招聘し、彼がそれまでの教育政策方針の検証、見直しを図っていく。二〇一七年に組織された学識経験者を含む小中一貫教育検証委員会が、二〇一八年に検証委員会調査報告書を公表している。その調査によると、施設一体型小中一貫校の児童・生徒の精神的健康面について、施設が分離している小・中学校との比較調査から新たな問題点が指摘された。例えば、図3は、二〇一八年三月に実施した大規模な市内児童・生徒向けアンケート調査の結果、「教師からのソーシャル・サポート」の指標について小中連携教育

(2) 教師からのソーシャル・サポート：「あなたに元気がないと，すぐにきづいてはげましてくれる」「あなたがなやみや不満をいってもいやな顔をしないで聞いてくれる」「あなたが何か失敗しても，そっと助けてくれる」「ふだんからあなたの気持ちをよくわかってくれる」「あなたが何かなやんでいるときにどうしたらよいか教えてくれる」の５項目への回答の平均

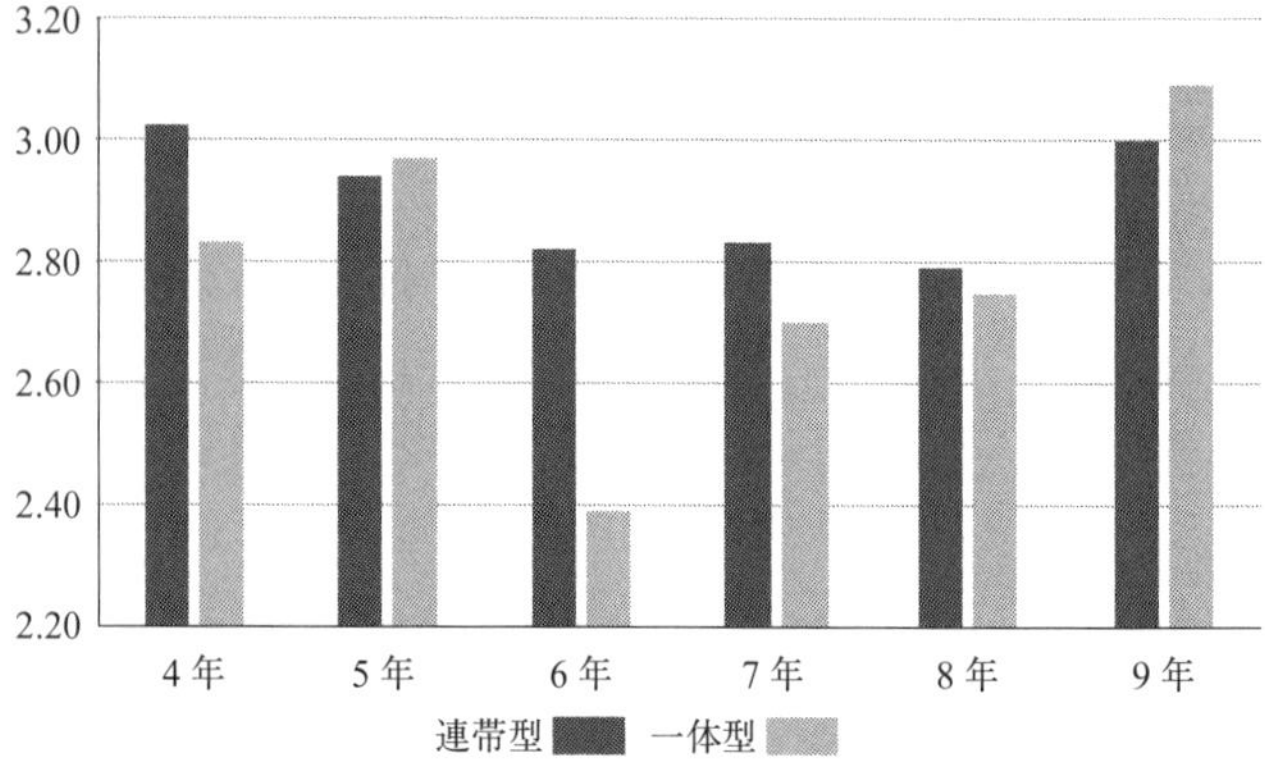

図３　児童・生徒の意識　教師からのソーシャル・サポート

をしている普通の小・中学校と施設一体型一貫校（一体型）とで比較したものである（横軸は学年、縦軸は心理学的な統計処理をした複数の質問の回答平均値である）。

これを見ると六年生で一貫校にネガティブな傾向が顕著である。同様に「友人からのサポート」など特に人間関係に関わる項目で同様の「六年生」問題があることが判明した。また保護者聞き取り調査からも、小中一貫校の六年生に課題が多いことが指摘された。従来の日本の学校では、小学校の最高学年を学校行事や自治活動のリーダーとして位置づけ、達成感や自己有用感を高めていくような教育活動が行われ、それが子どもの発達段階にも対応していた。しかし一貫校ではそのような成長・発達の機会が保障されず、六年生があいまいな位置づけになる傾向があることが推

測される。このような制度の丁寧な検証が、政策決定にとって重要であることは言うまでもない。またつくば市においては以前から地域の小学校存続運動や紛争が複数展開し、その運動関係者、保護者の声を教育長は広く聞き入れてきた経緯がある。

門脇教育長は二〇一九年一二月に退任したが、教育振興基本計画作成に向けて自身の「素案」を提出している。その中には「小中一貫教育の全校実施を改める。義務教育学校の新設はしない。学校の新設に当っては、小学校と中学校の分離を原則とし、適正規模の保持を厳守する。」[8]といった検証結果に基づく見解が盛り込まれていた。現在、新教育長のもとで、検討委員会による計画作成が行われている。

五　「学校自治」と「住民自治」の課題

新自由主義教育改革の対抗軸として、「教育自治」の存在が想定される。すなわち経済的目的に応じて降りてくるトップダウンの施策に対して、学校単位、地域単位で子どもの成長・発達に即して構成員による協議による方針決定が行われることが対抗軸になりうるからである。しかし前述のように今日、「学校の自治の制度的中心」[9]とされてきた教師の「教育自治」が大きく侵害されてしまっている実態がある。

例えば兼子仁の学説のように、「教師の教育自治」を中心とする「学校自治」を前提とした「教育の住民自治」を論じる場合学校統廃合の対抗軸の形成を説明しきれない事態が存在している。学校統廃合問題に直面して、教師の教育自治を中核とする「学校自治」が対抗軸として十分に機能しないとき、「教育の住民自治」の新たな理論構築に着目する必要があるのではなかろうか。

「学校自治」が形骸化した際に「教育の住民自治」原則に基づいてどのように事態をとらえうるのか。一九七〇年代の統廃合問題に則して前述の藤岡は、教育法学が、父母住民と教師の教育権の関係、教育における「学校自治」と「住民自治」の関係を、動態にそくして、教育法社会学的に解明する必要にせまられている[10]、と指摘している。それが新自由主義との対抗関係の中で再度、今日的課題として捉えられるのではないか。この点については例えば、鈴木英一が、「教育自治」を定義して「①教育の住民自治と②それを土台とする学校自治から構成され[11]」るとしている。また大橋基博も「教育の住民自治と学校自治の統一・発展としての教育自治[12]」ととらえている。「教師の教育自治」を軸とする「学校自治」が実現できない場合、保護者・住民による「教育の住民自治」による「学校自治」の復活の方途を見出すことはできないだろうか。

さらにコロナ禍において分散登校・部分登校で少人数学級を経験したことを契機に、少人数学級導入の要求が高まっている。二〇二〇年一二月　萩生田光一文科大臣は、二〇二一度から義務標準法を改正し、小学校の学級編制の標準を「35人」に引き下げることを公表した。学級定数の変更は、文科省が「手引き」で進めてきた統廃合の適否を検討する「基準」や複式学級の「基準」の見直しなどに直結してくる。自治体でも「11学級以下」など学級数を基準とした統合計画の見直しを迫られる。

子どもの安全面を配慮した学校の「条件整備の在り方」として、十分な教室、学びの空間の確保、安全面を配慮した徒歩通学の実施などが求められる。経済政策を優先させた学校統廃合政策は見直される時期を迎えているのではなかろうか。

注

(1) 藤岡貞彦「地域形成の教育法社会学的考察」日本教育法学会編『教育法学の課題と方法』総合労働研究所、一九八〇年、二四二頁。
(2) 今橋盛勝「地域の教育力と住民自治——茨城県「黒子小統合問題」の歴史と現況——」『教育』第三四二号、第三四三号、国土社。
(3) 今橋盛勝「学校配置と教育条件の整備」有倉遼吉編『教育法学』一八二頁。
(4) 山本由美「任意設置下の地方教育委員会制度の研究」「東京大学学部紀要」一九八八年。
(5) 今橋前掲書。
(6) 山本由美「いま、教育で地域づくりとは」『人間と教育』第九六号、二〇一七年、六六〜七五頁。
(7) 山本由美「小中一貫校づくりと学校統廃合をめぐる全国の動き」山本由美編著『学校統廃合・小中一貫を止める』新日本出版社、二〇一九年、三五〜四二頁。
(8) 第一回 つくば市教育振興基本計画策定委員会資料 門脇厚司「教育振興基本計画素案」二〇二〇年一二月一九日。
(9) 兼子仁『教育法』(新版) 一九七六年、有斐閣、四一五頁。
(10) 藤岡前掲書、二四二頁
(11) 鈴木英一「教育行政の地方自治原則の検討」『名古屋大学教育学部紀要』第二二号、学陽書房、一九七六年、七一〜八四頁。
(12) 大橋基博「教育の基本原理と教育行政」鈴木英一・川口彰義・近藤正治編『教育と教育行政——教育自治の創造をめざして』勁草書房、一九九二年、二六〜二七頁。

いま地方自治体に求められる教育行政とは

――新型コロナと学習権

朝岡幸彦

一 新型コロナに向き合うために

私たちが生きる二〇二〇～二一年の世界における喫緊の課題が、新型コロナウイルス感染症（以下、組織及び文書名以外は「新型コロナ」と略）への対応であることは間違いない。新型コロナ第二波の収束が見通せない中で、八月二八日に安倍首相が辞任して七年八カ月におよぶ長期政権に終止符が打たれた。学校に限らず、地方自治体の教育行政は否応なく新型コロナ感染拡大への対応を迫られ、ウィズ・コロナを意識した取り組みを進めざるを得なかった。ここでは、新型コロナ第一波への対応を中心に学校教育、社会教育に何が求められてきたのか、これから何を求められるのかを考えたい。

そもそも新型コロナ（ＳＡＲＳ－ＣｏＶ－２）及びその感染症（ＣＯＶＩＤ－19）について、どこまで明らかになっているのか。ウイルス学者の水谷哲也が語る新型コロナの特徴を、次のようにまとめることができる。[1] ①第二波（八月下旬）では致死率（二％）・陽性率（一二％以下）が低く抑えられており、「ウィズ・コロナ」の段階に入っていける。②マスク着用、手洗い、ソーシャル・ディスタンスの確保で感染者が他の人にうつす恐れはほとんどない。③社会が集団免疫を獲得するためには、ワクチンの開発が不可欠である。④新型コロナウイルスはＳＡＲＳの系統であって、インフルエンザとは異なる特性を持っている。⑤これからもさまざまな感染症のパンデミックが引き起こされる可能性があり、そのための対策が不可欠となる。

平岡和久は、新型コロナに対する政策枠組みにおいて環境政策が参考になるとして、宮本憲一の環境政策論の枠組みを次のように整理・援用している。[2] ①被害実態を総合的に把握すること。②被害の原因と責任の所在を明らかにすること。③被害者のケア・補償と生活・経営の維持・再建を行うこと。④感染拡大防止、収束のための規制や行政手段、公民協力などの展開が必要なこと。⑤感染症パンデミック災害に対する備えや予防を重視すること。

また、中嶋哲彦は新型コロナの感染者の保護・治療や感染拡大防止などの対策の講じ方によっては、特定の人びとにより大きな災禍をもたらす人災に転じることを踏まえて、社会の既存の価値観や利害構造が型押しされることの危険性を指摘している。まさに、人権保障を貫徹してこそ新型コロナと闘えることを、国・地方自治体の新型コロナ対策の基本にしなければならないのである。[3]

はたして、新型コロナへの対応の中で、こうした視点や自治・人権の保障がどの程度意識されたのか。まず、新型コロナの感染拡大（第一波）に政府や教育行政がどのような対応をとってきたのかを振り返りたい。

二　新型コロナへの政府の対応と教育

1　「日本モデル」とは何か

新型コロナ（COVID－19）に関わる緊急事態宣言を全国で解除するにあたって、安倍首相は記者会見で次のように述べた。

「我が国では、緊急事態を宣言しても、罰則を伴う強制的な外出規制などを実施することはできません。それでも、そうした日本ならではのやり方で、わずか一カ月半で、今回の流行をほぼ収束させることができました。正に、日本モデルの力を示したと思います」。

ここでいう新型コロナ第一波に対応した「日本モデル」とは何かを、調査・検証しようとしたのが『新型コロナ対応民間臨時調査会　調査・検証報告書』（アジア・パシフィック・イニシアティブ、二〇二〇年一〇月二五日）である。この「日本モデル」という表現は新型コロナウイルス感染症対策専門家会議（以下、「専門家会議」と略）の「新型コロナウイルス感染症対策の状況分析・提言」（二〇二〇年四月一日）で最初に使われ、五月二九日の「状況分析・提言」でそれが一定の成果を上げたと評価して、その成功要因を以下のように整理している。(4)

①中国及び欧州等由来の感染拡大を早期に検出したこと。

②ダイアモンド・プリンセス号への対応の経験が活かされたこと。
③国民皆保険による医療へのアクセスが良いこと、公私を問わず医療機関が充実し、地方においても医療レベルが高いこと等により、流行初期の頃から感染者を早く探知できたこと。
④全国に整備された保健所を中心とした地域の公衆衛生水準が高いこと。
⑤市民の衛生意識の高さや（欧米等と比較した際の）もともとの生活習慣の違い。
⑥政府や専門家会議からの行動変容の要請に対する国民の協力の度合いの高さ。

特筆すべきこととして、⑦効果的なクラスター対策がなされたこと。

報告書は、日本政府の第一波への対応（日本モデル）とその結果を「泥縄だったけど、結果オーライだった」（官邸スタッフヒヤリング）という言葉で表現している。たしかに、新型コロナによる人口比死亡率は一〇〇万人あたり八人、二〇二〇年四～六月期のGDPの落ち込みは前期比マイナス七・九％、失業率二・九％とまずまずの「結果を出した」と評価されている。とはいえ、「関係者の証言を通じて明らかになった『日本モデル』の形成過程は、戦略的に設計された緻密な政策パッケージのそれではなく、様々な制約条件と限られたリソースの中で、持ち場持ち場の政策担当者が必死に知恵を絞った場当たり的な判断の積み重ねであった」との指摘は重要である。

2　新型コロナウイルス感染症（COVID-19）への政府の対応

このように場当たり的な判断の積み重ねでなんとか乗り切ったと評価される新型コロナの第一波と

表1　新型コロナウイルス感染症（COVID‐19）をめぐる政府と教育の動き（日本）第一波

第Ⅰ期（潜伏期）	
二〇一九年一二月三一日	武漢市ウイルス性肺炎の発生発表
二〇二〇年一月五日	厚労省原因不明肺炎の発生発表
一月一五日	国内で新型コロナウイルス感染症患者初確認
一月二一日	感染症対策第一回関係閣僚会議
一月二四日	中国湖北省への渡航中止勧告／（文）新型コロナ感染症対策に関する対応について（依頼）
一月二八日	新型コロナウイルス感染症を感染症法上の指定感染症に指定する政令公布
一月二九日	政府チャーター機による中国湖北省（武漢）邦人の帰国開始（二月一七日まで五便）
一月三〇日	WHOがPHEIC（緊急事態）を宣言（「COVID‐19」と命名（二月一一日））／対策本部第1回会合
二月一日	新型コロナを指定感染症とする政令の施行／湖北省滞在歴のある外国人等の入国拒否
二月三日	横浜港に停泊中のダイヤモンド・プリンセス（DP）号に臨時検疫開始
二月一三日	日本国内初の死者／「新型コロナウイルス感染症に関する緊急対応策」決定／検疫法第34条の感染症指定の政令公布
二月一四日	新型コロナウイルス感染症対策専門家会議設置
二月一七日	厚労省が「相談・受診の目安」（風邪症状や三七・五度以上の発熱が四日間以上続く場合）を公表
二月一八日	（文）児童生徒等に新型コロナウイルス感染症が発生した場合の対応について
第Ⅱ期（拡大期）	
二月二五日	「新型コロナウイルス感染症対策の基本方針」決定／厚労省「クラスター対策班」設置／（文）卒業式・入学式等の開催について
二月二六日	政府、全国的なスポーツ・文化イベント等の2週間の中止、延期または規模縮小等の対応を要請
二月二七日	政府、三月二日から小中高校等の一斉臨時休校を要請
二月二八日	北海道知事「緊急事態宣言」／（文）小学校、中学校、高等学校及び特別支援学校等における一斉臨時休業について（通知）
三月二日	（文）学習支援コンテンツポータルサイトの開設について／子どもの居場所の確保について（依頼）
三月四日	（文）小・中・高等学校等における臨時休業の状況について／一斉臨時休業に関するQ&Aの送付について
三月七日	JSFEE：緊急声明『子どもたちが「外で遊ぶ権利」を最大限保障してください』の発表
三月九日	専門家会議が「新型コロナウイルス感染症対策の見解」を発表、「3密」回避を呼びかける
三月一〇日	「緊急対応策第2弾」決定／新型インフルエンザ等対策特措法一部改正法の閣議決定／公文書管理「歴史的緊急事態」指定
三月一一日	米国欧州二六カ国の入国停止発表／WHOがパンデミック宣言／（文）臨時休業に伴う学校給食休止への対応について
第Ⅲ期（規制強化期）	
三月一三日	新型コロナ対応の改正特別措置法（新型インフルエンザ等対策特別措置法の一部を改正する法律）が成立
三月一七日	（文）春季休業期間中の留意点について／全国学力・学習状況調査について（通知）／子供の居場所各自治体の取組状況等について
三月二三日	小池東京都知事「ロックダウン」発言
三月二四日	IOCが東京オリンピック・パラリンピック1年程度の延期合意／（文）学校再開ガイドライン
三月二六日	指定感染症として定める政令の一部を改正する政令閣議決定／新型インフルエンザ等対策特措法に基づく新型コロナウイルス感染症対策本部設置
三月二八日	「新型コロナウイルス感染症対策の基本方針」決定

四月一日	四九カ国・地域からの入国拒否を表明／首相、全世帯への布マスク配布を公表。
四月七日	政府、七都府県に緊急事態宣言／政府、事業規模一〇八兆円の緊急経済対策を閣議決定
四月九日	政府と都、休業要請の対象などで合意。一一日開始。
四月一六日	緊急事態宣言の対象区域を全国に拡大　一三都道府県は「特別警戒都道府県」に／首相、現金給付策を一律十万円に変えると表明。
四月一七日	感染者一万人超（四月一八日）／（文）令和二年度全国学力・学習状況調査について（通知）
四月一九日	（文）四月一六日の緊急事態宣言を受けて学校の臨時休業を決定した道府県
四月二〇日	（文）学校へ配布する布製マスクへの不良品混入事例について
四月二一日	（文）新型コロナウイルス感染症対策のために小学校、中学校、高等学校等において臨時休業を行う場合の学習の保障等について（通知）
四月二二日	専門家会議、接触八割減のための「10のポイント」公表／（文）新型コロナウイルス感染症の拡大防止と運動・スポーツの実施について
四月二八日	文科相、学校の九月始業を「一つの選択肢」と発言／（文）免許法認定講習の実施方法の特例について（通知）
四月三〇日	総額二五兆六九一四億円の補正予算が成立
五月一日	死者五〇〇人超（五月二日）／（文）新型コロナウイルス感染症対策としての学校の臨時休業に係る学校運営上の工夫について（通知）
五月四日	専門家会議、「新しい生活様式」公表／政府、緊急事態宣言の五月末までの延長を決定。
第Ⅳ期（規制緩和期）	
五月一四日	政府、三九県の緊急事態宣言を解除／（文）大学入試における総合型選抜及び学校推薦型選抜の実施について（通知）／高校入試等における配慮事項について（通知）
五月二一日	政府、近畿三府県の緊急事態宣言を解除
五月二二日	（文）学校における新型コロナウイルス感染症に関する衛生管理マニュアル～「学校の新しい生活様式」～について／学校の水泳授業の取扱いについて
五月二五日	政府、緊急事態宣言を全国で解除／安倍首相「日本モデル」発言
五月二七日	（文）小学校、中学校、高等学校及び特別支援学校等における教育活動の再開後の児童生徒に対する生徒指導上の留意事項について（通知）
六月二日	東京都、「東京アラート」を発動。首相、「九月入学」の導入を事実上断念。
六月四日	（文）「旅行関連業における新型コロナウイルス対応ガイドラインに基づく国内修学旅行の手引き（第1版）」について
六月五日	（文）学校の授業における学習活動の重点化に係る留意事項等について（通知）
六月八日	（文）学校等欠席者・感染症情報システムの加入について（依頼）
六月一一日	都、東京アラートを解除
六月一九日	政府、都道府県境をまたぐ移動自粛を全面解除／政府、感染者接触確認アプリの提供を開始／（文）令和三年度大学入学者選抜実施要項について（通知）
六月二四日	西村コロナ担当相、専門家会議の廃止を発表
六月二六日	ＪＳＦＥＥ：「新型コロナウィルス感染症（ＣＯＶＩＤ‐19）に対応した環境教育活動に関するガイドライン（ver.1）」の発表
六月二九日	（文）修学旅行の相談窓口の設置及びＧｏ Ｔｏトラベル事業の活用について
七月三日	政府、専門家会議を廃止、「新型コロナウイルス感染症対策分科会」発足。
七月一〇日	政府、イベント開催制限を緩和
七月一七日	経済財政運営と改革の基本方針（骨太の方針）２０２０を閣議決定
七月二二日	国交省、Ｇｏ ｔｏ トラベル キャンペーンを開始。

資料：『新型コロナ対応民間臨時調査会報告書』（二〇二〇年一〇月二五日）及び朝日新聞「コロナの時代　官邸、非常事態」（二〇二〇年七月一二日付～七月一八日付）、文科省ＨＰより作成　＊ＪＳＦＥＥ＝日本環境教育学会

「日本モデル」について、その経過と特徴を確認する必要がある。

新型コロナへの政府の対応を、次の四つの時期に区分して評価することができる（表1）。

中国・武漢市における原因不明のウイルス性肺炎の発生が発表されたのは、二〇一九年の大晦日（一二月三一日）であった。日本政府は二〇二〇年一月六日に厚労省検疫所ホームページ「ＦＯＲＴＨ」で「擬似症」という概念を使って注意喚起を図った。一月一五日に武漢市に一時帰国していた日本国内最初の症例（患者）が発見され、一月二一日に第一回関係閣僚会議を開催し、中国全土に「感染症危険情報レベル１」（渡航注意）を出した。

【第一期（潜伏期）】二〇二〇年二月二四日まで

一月二四日には中国湖北省への渡航中止が勧告され、新型コロナを感染法上の指定感染症に指定する政令を公布（一月二八日）した。一月三〇日にはＷＨＯがＰＨＥＩＣ（緊急事態）を宣言する（二月一一日にＣＯＶＩＤ－19と命名）とともに、新型コロナウイルス感染症対策本部（以下、「政府対策本部」と略）第一回会合が開かれた。二月三日に横浜港にダイヤモンド・プリンセス号が入港して臨時検疫を開始したことが、新たな展開をもたらした。二月一三日には国内初の死者が出るとともに、政府対策本部が「新型コロナウイルス感染症に関する緊急対応策」を決定（二月一四日に専門家会議を設置）し、新型コロナを検疫法第三四条の指定感染症としたことを受けて、二月一七日に厚労省は「相談・受診の目安」（風邪症状や三七・五度以上の熱が四日以上続く場合）を公表した。

【第二期（拡大期）】二〇二〇年三月一二日まで

二月二五日に政府対策本部は「新型コロナウイルス感染症対策の基本方針」を決定した。「学校等における感染対策の方針の提示及び学校等の臨時休業等の適切な実施に関して都道府県等から設置者等に要請する」とされた。また、今後の進め方について「地方自治体が厚生労働省と相談しつつ判断するものとし、地域の実情に応じた最適な対策を講ずる。なお、対策の推進に当たっては、地方自治体等の関係者の意見をよく伺いながら進めることとする」と述べていた。

しかしながら、安倍首相は全国的なスポーツ・文化イベント等の二週間の中止、延期または規模縮小等の要請をした（二月二六日）ことに加えて、全国すべての小中高校と特別支援学校に対して三月二日から春休みに入るまでの臨時休校を要請した（二月二七日）。この要請を受けて、三月四日時点で全国の公立小学校の九八・八％、中学校の九九・〇％、高等学校の九九・〇％、特別支援学校の九四・八％が「臨時休業」を実施した。

また、三月九日には専門家会議が「新型コロナウイルス感染症対策の見解」を発表して、いわゆる「三密」（①換気の悪い密閉空間、②多くの人の密集場所、③近距離での会話や発声をする密接場面）の回避を呼びかけた。

【第三期（規制強化期）】二〇二〇年五月一三日まで

政府は、社会的な緊張の高まりを受けて「新型インフルエンザ等対策特別措置法」の一部を改正した（三月一三日公布）。三月二六日には特措法第一五条に基づく政府対策本部が設置され、二八日に「新型コロナウイルス感染症対策の基本方針」が決定された。

三月中旬頃に「自粛疲れ」と呼ばれる緩みが生じる中で、吉村大阪府知事の兵庫―大阪間の往来自粛要請（三月一九日）や小池東京都知事の「ロックダウン」発言（三月二三日）、日本医師会の「医療危機的状況宣言」（四月一日）などの社会的な危機感の高まりを受けて、四月七日に七都府県（埼玉、千葉、東京、神奈川、大阪、兵庫、福岡）を対象に緊急事態宣言が発出され、四月一六日には全国に対象区域が拡大された。宣言と同時に改定された基本的対処方針では「最低七割、極力八割程度」の接触機会の削減を目指すことが明記され、各都道府県知事と国との役割が曖昧さを残しながらも書き分けられた。その後、緊急経済対策や補正予算の成立を経て、専門家会議から「新しい生活様式」が公表された（五月四日）。

【第四期（規制緩和期）】現在（二〇二〇年一〇月三一日）まで

政府が三九県の緊急事態宣言を解除（五月一四日）して以降、全国での解除（五月二五日）を経て、次第に感染者数が増加する中でイベント開催制限の緩和（七月一〇日）、ＧｏＴｏキャンペーンの開始（七月二二日）など規制の緩和へと向かう状況がつくりだされる。

新型コロナの感染者数から六月下旬には第二波に入ったと考えられるため、七月以降を【第五期

（第二波拡大期）】と見ることもできる。しかしながら、政府の政策対応に大きな変化がないことから便宜的に七月末までを【第四期A（規制緩和期①）】、八月以降を【第四期B（規制緩和期②）】と区分できる。

3　文科省の対応

文科省は政府方針に対応して通知等を出してきた。ここでは、学校等の教育現場での対応が急速に整備される、【第一期（潜伏期）】【第二期（拡大期）】の対応を確認する。

一月二四日に新型コロナ関連では教育行政として初めて、文科省五課連名で「新型コロナウイルスに関連した感染症対策に関する対応について（依頼）」が出された。また、感染法上の指定感染症に指定する政令が公布（一月二八日）されたことを受けて、文科省二課が「新型コロナウイルス感染症の『指定感染症』への指定を受けた学校保健安全法上の対応について」を出して「校長は、当該感染症にかかった児童生徒等があるときは、治癒するまで出席を停止させることができる」とした。

二月一七日の「相談・受診の目安」を受けて、文科省健康教育・食育課は「学校における新型コロナウイルスに関連した感染症対策について」（二月一八日）を通知した。ここで注目されることは、「教育委員会や学校等の判断で、独自の基準等を設けている場合は、当該運用に従っていただいて構いません」（下線は筆者）としていることである。後に問題となる全国学校一斉休業のような一律の「要請」ではなく、少なくともこの時点では教育委員会や学校ごとの判断が尊重されていたのである。こうした地域や学校の判断を尊重する姿勢は、政府対策本部の「基本方針」（二月二五日）を受けた文科省三課の「学校の卒業式・入学式等の開催に関する考え方について」でも、学校の卒業式や入学式等について「一律の自粛要請」ではなく「感染が発生している地域」で「学校の設置者」が実施方法の変更や延期等を検討する形で踏襲された。

しかしながら、安倍首相によるイベントの中止・延期等に関する要請（二月二六日）と全国一斉学校臨時休校の要請（二月二七日）は、文科省の対応を一変させた。

二月二六日に文科省地域学習推進課は「社会教育施設において行われるイベント・講座等の開催に関する考え方について」を、文化庁政策課長も「各種文化イベントの開催に関する考え方について」を出して、「今後二週間に予定されているもの」について「中止、延期又は規模縮小等の対応」を要請した。二月二八日には、文科省事務次官が「新型コロナウイルス感染症対策のための小学校、中学校、高等学校及び特別支援学校等における一斉臨時休業について（通知）」で、小・中・高校と特別支援学校等に「本年三月二日（月）から春季休業の開始日までの間」、学校保健安全法第二〇条に基づく「臨時休業」を行うよう通知した。

一斉臨時休校にともなう学習支援について、三月二日に文科省二課が「新型コロナウイルス感染症対策のための臨時休業期間における学習支援コンテンツポータルサイトの開設について」で「臨時休業期間における学習支援コンテンツポータルサイト」の開設を通知した。他方で、文科省二局長一部長、厚労省一局長・一部長の連名で「新型コロナウイルス感染症防止のための小学校等の臨時休業に関連した放課後児童クラブ等の活用による子どもの居場所の確保について（依頼）」（三月二日）を出して、放課後児童健全育成事業や放課後等デイサービス事業を「原則として開所」することを求め、教職員が放課後児童クラブ等における業務に携わることや学校に子どもの居場所を確保すること、教室・図書館・体育館・校庭等の活用を積極的に推進することを認めた。

三月五日には文科省健康教育・食育課からより包括的な「新型コロナウイルス感染症対策のための小学校、中学校、高等学校及び特別支援学校等における一斉臨時休業に関するQ＆A」が出され、状況の変化に合わせて更新が繰り返されるようになった。

その後、三月二四日に「新型コロナウイルス感染症に対応した学校再開ガイドライン」が出され、緊急事態宣言の解除に合わせて各教育委員会の判断で時差登校、時間短縮等の経過措置をとりながら、次第に通常授業に戻ってきた。

三　学校一斉休校問題の背景と評価

それまで教育委員会や学校の判断を尊重するかたちで進められてきた学校等の教育現場における新型コロナ対応に、一律の対応を迫ったものが安倍首相による全国一斉学校臨時休校の要請（二月二七日）であった。この全国一斉休校要請に至る経緯を新型コロナ民間臨調報告書は、「専門家の発信に影響された政策決定」の事例として分析している。(4)

専門家会議は、二月二四日に「新型コロナウイルス感染症対策の基本方針の具体化に向けた専門家の見解」を出し、その記者会見において尾身副座長が「コロナウイルスに対する戦いが今、まさに正念場というか今まさに瀬戸際に来ている」と発言した。専門家会議による「瀬戸際」発言は全国一斉休校の要請を想定していなかった(「学校閉鎖はあまり意味がない」との発言が勉強会でもあった)が、この発言を深刻に受け取った安倍首相が首相補佐官のアイデアをそのまま要請として発言したようである。政府対策本部(第一三回)で策定した「基本方針」(二月二五日)での全国一律の自粛要請を行わないという方針が、翌日の政府対策本部(第一四回)席上で「突然の変更」をされたことに出席者は戸惑い、現場は混乱を極めたと証言されている。

文科省事務次官通知(二月二八日)にあるように、公立学校の臨時休校は学校保健安全法第二〇条の規定に基づいて「学校の設置者」が行うものとされており、全国一律の一斉休校を要請する権限は首相にも自治体の首長にも存在しない。法的な根拠のない安倍首相からの休校要請であったにもかかわらず、公立学校のほぼ九九%の学校が「臨時休業」したのである。(5)

萩生田文科相は慎重な姿勢をみせ、文科省として一斉休校の必要はないと考えていると申し入れたものの、官邸は一斉休校実施に向けて調整を進めた。二月二七日の政府対策本部(第一五回)において、安倍首相は「全国すべての小学校、中学校、高等学校、特別支援学校について、来週三月二日から春休みまで、臨時休業を行うよう」要請した。この時点でも、萩生田文科相は春休みの前倒し(春休み時に授業が可能)と理解していたのに対して、安倍首相が「ずっと閉じます」と発言したことで一斉休校の意味が政権内で十分に整理されないまま行われた[4]。

このように専門家会議でも疫学的な観点から効果に疑問が出され、学校を所管する文科省の意図とも異なる形で唐突に提起された全国一斉休校の要請は、学校教育現場に多くの混乱をもたらした。直後のNHKの世論調査では、臨時休校の要請は「やむを得ない」との回答が六九％を占めるなど、国民から一定の評価を受けたと指摘されている[4]。しかしながら、日本小児科学会による病院アンケート調査（全国の約一五〇病院、一月から一〇月上旬に感染した四七二の子ども）の結果から、感染場所の八割が家庭で、学校や保育園・幼稚園は約一割にすぎなかったことが明らかとなっている（『東京新聞』、二〇二〇年一一月一日付）。

こうした全国一斉休校に関わる問題の一つとして、文科省健康教育・食育課の「新型コロナウイルス感染症対策のための小学校、中学校、高等学校及び特別支援学校等における一斉臨時休業に関するQ＆A」（三月五日）の「問2　学校が臨時休業でも、児童生徒が外出したら効果がないのではないか」との設問に対して、「臨時休業を行うにあたっては、実効性を担保するため、児童生徒に対し、基本的に自宅で過ごすよう指導をお願いしています」と回答していることを取り上げることができる。日本環境教育学会は直ちに理事会緊急声明「子どもたちが『外で遊ぶ権利』を最大限保障してください」（三月七日）で、「Q＆A」が子どもたちが自然環境の中で学び・遊ぶことを禁じているように受け止められる可能性があることを批判し、①学校等の敷地内における屋外での子どもたちの活動を可能な限り認めること、②公園や里山等を活用した屋外での事業を可能な限り継続し、新たな事業への公的支援を検討すること、③自然学校等における事業や環境教育イベント等への影響を調査し、多大な損失が発生した場合には公的な支援を検討すること、を求めた。(6)

四　ウィズ・コロナのもとでの学習権

新型コロナ第一波への政府及び文科省の対応をみる限り、「日本モデル」と呼びうる緻密な政策パッケージではなく「場当たり的な判断の積み重ね」と考えざるを得ない。とりわけ、安倍首相による唐突な学校への全国一斉休校の要請は、その効果も含めて疑問が持たれているだけでなく、教育委員会や学校での判断を尊重する対応から画一的でトップダウンによる対応へと転換されたという意味で大きな転機となった。こうしたやり方が、はたして子どもたちの学習権を保障するものなのか、厳しく検証される必要がある。

緊急事態宣言やウィズ・コロナのもとで、「命か自由かの選択」として教育や学習を制限することを、「やむをえないもの」と断定できるのかという問題がある。「移動の自由や職業の自由はもとより、教育機関・図書館・書店等の閉鎖によって学問の自由や知る権利も、公共的施設の使用制限や公共放送の動員等によって集会や言論・表現の自由も一定の制約を受けることが懸念される」(日本ペンクラブ声明)(7)のである。

安倍首相は五月四日の記者会見で「この一三都道府県（特別警戒都道府県）におきましても、八割の接触回避のお願いをいたしますが、博物館や美術館や図書館などの使用制限を緩和したい」と述べ、一定の条件をつけて「再開」することを認めた。しかしながら、学校に比べて公民館や図書館、博物館、動物園・水族館といった社会教育施設で市民や子どもたちが「自由」に学び、活動することはまだまだ先のことと、後回しにされやすい危険性がある。

「私は何を希望することが許されているか」（イマニュエル・カント）。

鷲田清一の「折々のことば」（『朝日新聞』二〇二〇年五月二五日付朝刊）は、カントの『純粋理性批判』の言葉を引用している。カントは「私は何を知ることができるか」「私は何をなすべきか」に続け、この問いを発している。まさに、新型コロナに直面した私たちは、自由とともに著しく「希望すること」が制限されていると言える。

ここで改めて、ユネスコ『学習権宣言』（一九八五年）を思い起こす必要がある。

「学習権は未来のためにとっておかれる文化的ぜいたく品ではない。それは、生存の欲求が満たされたあとに行使されるようなものではない。学習権は、人間の生存にとって不可欠な手段である」。

まさに、新型コロナと「共存」する社会の中で、どのように「学び」を継続・発展させることができるのか。私たちは歴史に試されているのである。

注

（1）水谷哲也「インタビュー『新型コロナ（COVID-19）の時代』の私たち――パンデミックから私たちは何を学ぶのか」『月刊社会教育』No.七七四　旬報社、二〇二〇年一一月号。

（2）平岡和久「新型コロナ対策と自治体財政」『住民と自治』通巻六九〇号、自治体問題研究所、二〇二〇年一〇月号。

（3）中嶋哲彦「新型コロナウイルス禍と公教育の課題」『住民と自治』通巻六九〇号、自治体問題研究所、二〇二〇年一〇月号。

（4）アジア・パシフィック・イニシアティブ『新型コロナ対応民間臨時調査会　調査・検証報告書』アジア・パシフィック・イニシアティブ、二〇二〇年。

（5）「新型コロナウイルス感染症対策のための小・中・高等学校等における臨時休業の状況について（令和二年三月四日（水）八時時点・暫定集計）」文部科学省。

（6）https://www.jsfee.jp/general/403

（7）日本ペンクラブ声明「緊急事態だからこそ、自由を」二〇二〇年四月七日。

第Ⅳ章――教育課程づくりの民主主義

縛りをほぐす教育課程づくりの創造的実践を

梅原利夫

教育課程についての解釈は、子どもの学びに焦点をあてた「子どもの学習の履歴」という解釈から、教師集団や学校があらかじめ作成する「授業や教育活動の全体計画」という解釈まで広範囲にわたり、論者によって多様な規定の論議が行われている。本稿では、私が到達している次のような認識のもとに考察していきたい。

「教育課程とは、①教師集団に支えられた各学校が〈実行の主体〉、②期待される子どもの学習と生活活動を促すために〈行為の目的〉、③あらかじめ教授行為や指導行為を計画化して青写真をつくり〈事前の計画化〉、④子どもと子ども集団の実際の状況に応じて臨機応変に修正しながら学習と指導の実践を行い〈最も重要な実践行為〉、⑤実践の過程と結果について当初の目的に照らして評価し〈たえざる評価〉、⑥さらなる学習と指導の計画を立てていく〈再計画化〉、という一連の実践過程を指している(1)」。

このうち教育課程の最も本質的な部分は③と④であり、③を教育課程の計画づくり、④を教育課程にもとづく実践と言い、①～⑥の一連の過程を教育課程づくりと表現する。

この視点は、教育課程という実践過程を、静的にではなく変化して行く動的過程として捉えた規定である。これによって、いわゆる「教育課程表」の提示で終わりがちな傾向や、学習指導要領そのものが教育課程であるかのような傾向を克服し、「指導と学習の往復による実践過程」をコアとした行為であることを強調している。しかも「計画－実践－評価－再計画－実践－」というように、教育実践をらせん型サイクルの絶えざる進行形として捉えようとするものである。

一　新自由主義下の教育課程政策

二一世紀になって以降、日本社会はいっそう新自由主義の思想が跋扈（ばっこ）し、経済や政治や生活分野に深く浸透するようになってきた。教育の世界においてもその傾向は顕著であり、しかもここ数年は新自由主義の一部分ではあるが、科学的にも根拠薄弱な未来社会像（Ｓｏｃｉｅｔｙ5.0）が喧伝されている。他方で民主主義教育の実践と研究の蓄積によって、人権と民主主義を思想とする未来社会像も豊かに描かれているのであって、二一世紀社会像と教育の行方をめぐっては、底流で大きな綱引きが行われているのが現状である（表1）。

表1　未来社会像をめぐるキーワードと教育分野での特徴

	見通しある未来社会像	新自由主義社会	Society 5.0の社会
キーワード	・人権と民主主義 ・Human Right & Democracy	・経済競争至上主義 ・Neo-Liberalism	・ICT(情報通信技術) ・AI（人工知能) ・Big Data
社会イメージ	・自然・環境との共生 ・地球温暖化阻止 ・SDGsの追求 ・核兵器禁止条約による平和 ・貧困・格差・差別の解消 ・ジェンダー平等の実現	・小さな政府(公共分野縮小) ・規制緩和 ・自由経済競争活動 ・医療・福祉への財政削減 ・貧富の格差拡大 ・自己責任の思想浸透	・情報技術革新／Innovation ・先端技術の高度化 ・作業のロボット化 ・急激に変化する社会 ・先行き不透明な社会
教育分野の特徴	・民主主義が豊かに貫かれた平和・人権教育と主権者教育 ・多様な共同・協同教育 ・学校教育と社会教育との交流	・排他的競争原理 ・公教育への財政削減 ・効率化とPDCAサイクル点検 ・成功—失敗は自己責任	・各ブースで個別IT学習 ・AI先生によるドリル型学習 ・デジタル教科書、教材 ・電子黒板

国家の教育政策が依拠する根本法である憲法の人権条項を受けて憲法二六条の教育条項があり、そのもとに基本法や国際条約が置かれている。しかし現在、その理念は深刻なねじれ状態にある。その典型に、改定された教育基本法（二〇〇六年）と、日本も批准した子どもの権利条約（一九八九年）がある。それは、改定された教育基本法が国家による上からの教育支配が強いのに対して、子どもの権利条約は徹底して子どもについての最善の利益の実現が強調されており、両者は理念的に乖離している部分が多いからである。これは究極には、憲法二六条の「能力に応じて、ひとしく教育を受ける権利を有する」という規定を、能力の差によってそれぞれに別個の教育を与える

という格差固定・拡大の側面を強調して捉えるのか、それとも、発達の必要に応じて最大限の利益がすべての子どもに保障されるという方向で捉えるのかの違いによる。

教育基本法の改正と全国いっせい学力テストが第一次安倍政権で実行され、第二次政権で学習指導要領改訂やSociety5.0の基本路線が敷かれたことをみれば、一〇年近くにわたって続いてきた安倍政権の教育政策による歪み（子どもの権利条約の精神からの乖離）を検討することが必要になってきている。

二　学力の法定化と教育課程の構造変化

教育基本法改正後、直ちに行われた法改正に学校教育法（二〇〇七年六月）がある。これは日本の教育史上での愚挙であると思うが、なんと「学力」概念が法律で規定されてしまったのである。すなわち学校教育法第三〇条第二項が、小学校について次のように改正された。なおこの規定は、中学校と高等学校にも準用されている。

（教育目標達成のため）「基礎的な知識及び技能を習得させるとともに、これらを活用して課題を解決するために必要な思考力、判断力その他の能力をはぐくみ、主体的に学習に取り組む態度を養うことに、特に意を用いなければならない。」

そもそも生活の場や学校教育で培われる「学力」の概念は、法律によって一律に規定されること

表2　学力の三要素の法定化と資質・能力の三本柱

	①知識	②スキル	③情意	規定
資質・能力の3本柱	知識及び技能の習得	思考力、判断力、表現力等の育成	学びに向かう力、人間性等の涵養	2017.3　学習指導要領（小・中）
学力の3要素	基礎的知識及び技能の習得	課題解決の思考力、判断力、表現力育成	主体的に学習に取り組む態度の養成	2007.6　学校教育法第30条第2項

には全くなじまない。学びの指導の過程で獲得される能力については、多種多様なレベルのものがあるのであって、それをあらかじめ法律で厳格に規定することなどできないからである。法定化以前の長い時期には、「どのような学力をどのように育てるのか」については、教育実践の当事者が、専門職性と独創性とを発揮して縦横に追求してきた。学力とは何かの探究は、教育とは何かの探究につながる重要な教育実践と研究の分野である。だから自主的な探究が尊重されるべきであり、法定化はそうした諸活動を萎縮させてしまった。

それまでの学習指導要領では、大まかには第一章総則で知・徳・体の三要素からなる「生きる力」が言われ、第二章以降の各論で主に教科ごとに、「指導目標」と「指導内容項目」が示され、その後に「指導にあたっての配慮事項」が書かれる、という構成になっていた。

ところが二〇一七／一八年の改訂では、総則の記述に典型的なように、教育課程の全体構造を大きく変化させたのである。すなわち、①教育目標（資質・能力、コンピテンシー）—②教育内容（コンテンツ）—③教育方法（主体的・対話的で深い学び、アクティブ・ラーニング）—④教育評価（学習の過程や成果を評価、パフォーマンス評価）—⑤教育課程経営（カリキュラム・マネジメント）の五つが示された。それらが一体のものとして教育課程を構成するというように、実践のあらゆる過程で「縛りの構造」が格段に強まったのである。

この教育目標としての資質・能力の三本柱には、法定化された学力の三要素のそれぞれに対応する発展的な表現が、見事に符合してあてられている（表2）。

しかも文科省が改訂の方向性を説明する際に必ず用いられる、三角形の各頂点とそれらをつなぐ円環図というものがある。まず教育目標としての「育成すべき資質・能力」を三角形の頂点に据え、それを形成する内容項目を左下に、指導方法を右下に置き、この三者が円滑に循環するように点検していくのが教育課程の経営である（経営のサイクルのなかに評価行為も組み込まれている）と言う。

このように図示化されると、一見わかりやすくなったような錯覚に陥ってしまう。しかしよく吟味してみると、これら一つひとつの機能に矛盾や無理難題が見られるのであり[2]、根本的な欠陥を持ったままで、実行を迫ろうとする「縛りの強さ」だけは増している。

こうした構造的な変化を象徴するスローガンとして、「コンテンツ（内容項目）中心からコンピテンシー（資質・能力）中心への教育課程」という表現が用いられている。その縛りの強さは、各機能を点検する行為であるPDCAサイクルで徹底される仕組みである[3]。

三　実践を窒息させる授業・教育課程のスタンダード化

スタンダード（ＳＤ）という定型化規準が学校現場を広く覆っている。ＳＤは、そもそも「ＳＤにもとづく教育改革」という文脈で課題化されてきた。問われているのは、現在の何をどのように改革するのか、という争点をめぐる問題なのである。

ＳＤは、もともとはアメリカで使われた言葉である。人種・民族・新移民層間で生活・文化・教育に大きな格差があり、しかも各州に教育法がありその違いも存在している。そのような事情を反映して、アメリカの連邦国家レベルで全体の底上げをする必要性は、いつの時代にも存在していた。これらの過程で、教育改革に関する「スタンダード（標準目標）」の設定が行われてきた。教育内容ＳＤや教育条件ＳＤという目標が掲げられ、それはアカウンタビリティー（実行責任）とセットで使われてきた。象徴的には、高校教育の就学率を少なくとも九〇％以上にアップさせようという目標設定である。だからアメリカのＳＤでさえ、それが教育改革を方向づけるガイドにもなれば、教育の自由を奪う拘束服（strait jacket）にもなると、その二面性が指摘されていた(4)。

しかしこのようなＳＤが、もともと画一化や基準性の強い日本の教育の土壌に移植されると、「教育改革政策」と言われるものの多くが、実態としては改革に逆行する同調圧力基準に変質し、自主的であるべき実践がその枠内に取り込まれてしまう傾向が強まった。

教育課程に関しても、次第に構造的に縛りが強化されている「学習指導要領体制」(5)のなかに飲み込まれて行くと、SDはアメリカでの光の部分さえ失って、教育実践の自主性や創意工夫を窒息させるものになっていく傾向にある。日本では、中央教育行政から各地方教育行政、そして各学校へと降りてくる上意下達の連鎖のなかでSDが強調されると、次第に変質し圧力として忠実な実行が強要されていく機能になってしまう。

○文科省：国家が教育SDを掲げて、その目標設定と結果の検証に責任を負うとの理由で、各教育委員会や学校に「検証サイクル」確立を求める委託事業を実施してきた。

○県や自治体の教育委員会：一見えやすい「形（定型）」の実施体制をとって、学校現場に様々なSDを降ろしてくる。授業SDの例としては、授業の流れは「めあて」に始まり「ふりかえり」で終わること、方法は個人から集団へそして再び個人へ戻ることなど。

○各学校：○○学校SDとして、机の上に○○だけを置く、学年や全校でそろえようなど。

こうした傾向は、政策的にも正統化され、ついには教育振興基本計画で「エビデンス（証拠）に基づくPDCAサイクルの徹底」（第3次計画）として、目標の細分化と数値化とその点検が求められる。しかしこれらが、実践者である教師と学習者である子どもの自由で創造的な行為を窒息させている。日本のSD政策の致命的な欠陥は、それがどのような改革をめざすのかについての論議や合意がないままに進行していることである。本音のところでは誰も納得していないし、「自ら考える子ども」や「主体的・対話的で深い学び」という政策用語からも離反しているのにもかかわらず。

だから必然的に、こうしたSDの呪縛からの解放への試みも進んでいる。「おかしいこと」には「おかしい」と声をあげる取り組みや、息苦しい現場で子どもの理解も得てしたたかに、かつ巧みに圧力をすり抜ける道の模索なども行われている。

四　新型コロナ禍での画一化と対抗する実践

この一〇年を振り返っただけでも、天災や人災を伴う大きな災禍に見舞われてきた。二〇一一年三月一一日には東日本大震災による地震と津波被害、そして福島での原発事故があった。また地球温暖化と気候変動によって、毎年のように集中豪雨や巨大台風や河川氾濫が起こり、ライフラインの破壊に見舞われている。三・一一の被災地では子どもの現状から出発するのではなく、復興教育が「それまでの学力向上路線に早く合流すること」にすり替えられた事例が多くあったが、それに抗して現場の教師集団が実態に即した自前の教育課程を提案し実践した体験も生まれた。(6)

こうした災禍に向き合う教育体験の流れのなかに、地球上の人類を一挙に襲ったのが新型コロナウィルスの感染拡大によるパンデミックの広がりがあった。今回の新型ウィルスの特徴解明や感染拡大防止対策は、初期の頃にはまだ不明な点も多く、感染状況の推移とともに試行錯誤を含めた対応策を取らざるを得ず、社会全体が大きな犠牲と混乱に陥った。日本社会において教育の分野だけをみても、二月二七日の首相による唐突な「いっせい休校要請」が、専門家会議のみならず、文科省を含む関係諸機関の検討をも経ないで首相の独断で行われたことは、重大な禍根を残すことになった。

関西地域でのある小学校六年生の教室での次のような光景は、私の脳裏に強く焼き付いている。休校要請があった翌朝、六年生男子が泣きながら教室へ走って行ったという。その後先生が行ってみると、教室の黒板には黄色いチョークで次の文字が書かれていた。

「違憲！　教育を受ける権利が侵害されている」

その下には「憲法に反する要請に対して異議を唱え、いつも通り学校に来たい人」という署名用紙が貼られており、署名する子ども達の姿があったという。(7)

国連子どもの権利委員会の声明（四月八日）には、「決定過程に子どもたちの意見が聴かれかつ考慮される機会を提供する」ことが呼びかけられていた。日本では無視されたが、デンマークやノルウェイの首相は自ら「子ども記者会見」を行い、休校を説明し子どもからの質問にも丁寧に応えた。

予期せぬ災禍の渦中であるからこそ、教育の現場では何を重視して施策が選択されるのか、その立場があらわになる。現場では一時期、不安のなか混乱や困難も生じたが、子どもの人権保障に立とうとした実践者のなかから、子どもの声を聴くこと、それに応えた豊かな人間関係や学びを創り出して行こうといううねりが生まれ、貴重な取り組みも進んだ。まさに教育課程づくりの動的把握と、画一的な縛りを解きほぐす創造的実践が行われ、それらの成果も交流された。(8)

五　ＡＩやＩＣＴで「個別最適化された学び」は可能か

中央教育行政では二〇三〇年代を見すえて、中教審において「初等中等教育の在り方」が諮問された（二〇一九年四月一七日）。審議をつうじて現時点では、二〇二一年答申に向けた仕上げの段階にある[9]。そのなかで当初から重要な審議課題の一つは、学習指導の在り方であった。それには長い間「個別最適化された学び」という典型的な用語が充てられていた。

政府の科学技術基本計画（二〇一六年一月二二日閣議決定）で使われた未来社会のイメージであるＳｏｃｉｅｔｙ5.0を前提にして、ＡＩ（人工知能）やＢＤ（ビッグデータ）を駆使して機器が主導する「学習指導」の開発を検討していた。そこに含意されていたのは、こうした学びの変化が未来の学校の在り方を変えるのだ、という文脈においてであった。

このキーワードが文科省内で明文化されたのは、文書「Ｓｏｃｉｅｔｙ5.0に向けた人材育成～社会が変わる、学びが変わる～」（二〇一八年六月五日、大臣懇談会&文科省内タクスフォース）においてであった。残念なことにそこでは、新たな社会像や人材像について独自に分析・吟味したあとが見られない。もっぱらＡＩ開発による学びの変化が描かれていた。だからそれを推進するプロジェクトの第一に、「公正に個別最適化された学び」の実現が挙げられていた。そのために、スタディログ（学習履歴）等の個人情報の集積やＥｄＴｅｃｈとＢＤの活用等が自明とされていた。これが、文科省内の

表3　EdTech研究会とGIGAスクール構想（ゴチックは梅原）

	EdTech 研究会	GIGAスクール構想
提言や方針	○2018.6.25提言「『未来の教室』とEdTech」「50センチ革命×越境×試行錯誤」「STEAM×個別最適化」「学びの生産性」 ＊Science, Technology, Engineering, Art, Mathematics ○2019.6提言「『未来の教室』ビジョン」 EdTechで、一人ひとりに最適な学びを	○2019.12.19文書「GS構想の実現パッケージ～令和の時代のスタンダードな学校へ～」 ○2019.12.19提出資料「GS構想の実現」 ・**公正に個別最適化された学びを実現** ・2023年度までに、児童生徒に一人一台の端末を」
トピック	○EdTech研座長代理発言 ・**個別最適化で「教育」が「学び」へ変わる　学習ログで、家庭・学校・塾が一つに**	○補正予算　2019年度2318億円（2020.1） 2020年度2292億円（20.4） 総計4610億円
梅原批評	教育イノベーションと称して、意表を突いた耳ざわりのいい産業界用語が並ぶ	コロナ禍対策でオンライン交信が注目され、義務教育で端末整備計画を2020年度中に前だおし

第一線を担う各課長クラスで構成された集団の認識レベルであった。最後は「本章で述べた施策を着実に推進していくことが、今後の行政に課せられた使命である」という固い決意表明で結ばれている。

しかもこうした動きに先立って、文科省より早く経産省内で発足していたＥｄＴｅｃｈ研究会や、文科省内で立ち上げられたＧＩＧＡスクール構想が[10]、すでに「個別最適化された学び」の路線を敷設していた（表３）。中教審に諮問された時には、すでにこのワードは省内では決定済みのものだった。

しかも想定外のＣＯＶＩＤ‐19拡大という非常事態に便乗して、ＧＩＧＡスクール構想の一人一台端末の必要性が喫緊となり、完成年度を二〇二〇年度に前倒しして行うことになった。

その変化の過程で注目すべきは、コロナ禍の休校期間の諸経験を経て、中教審審議ではそれまで不動だったはずの「個別最適化された学び」の用語が、二〇二〇年七月～九月の間に突然に「個別最適な学び」へと大転換され、その前後での文面も目まぐるしく変わってしまったことである(11)。
(1)「多様な子供たちを誰一人取り残すことのないよう、個別最適化された学びと協働的な学びにより社会とつながる探究的な学びを実現していく」。教育課程部会におけるこれまでの審議経過、二〇二〇年七月一七日、第一一回特別部会に文書配布。
(2)「誰一人取り残すことのない『令和の日本型学校教育』の構築を目指して～多様な子供たちの資質・能力を育成するための、個別最適な学びと、社会とつながる協働的な学びの実現～」。第一二回特別部会（中間まとめ）[骨子案]、八月二〇日。
(3)「『令和の日本型学校教育』の構築を目指して～全ての子供たちの可能性を引き出す、個別最適な学びと、協働的な学びの実現～」。初等中等分科会（中間まとめ）[案]、九月二八日。
用語の大転換は、(1)から(2)の間に起った。その期間に、「個別最適化された学びについて」を議題とした教育課程部会での集中論議があった（七月二七日）。公表された議事録によれば、「個別最適化」が誤解を受けやすい用語であり、かつこの機会に教師の「教え」から子ども主体の「学び」へと重点を移行させるべきとの多数の意見が出された。

ではこれらの経過をどう批評したらいいのであろうか。私は次のように考える。もともと「個別最

表4　三表現「きょうどう」の比較

	協働	協同	共同（の）
日本語ニュアンス	異種（分野や職業）の者が協力し合う コラボ	同じ目標に向かって力を合わせる コープ〈協同組合〉	共に同じ（社会、自治の）方向 コミュニティ〈共同体〉
英語	collaboration〈work together〉	cooperation	communal〈community, commune〉
備考・使用例	文科省文書・学習指導要領では、すべて協働の文字を使用	子育て協同 家庭と学校との協同	学びの共同体 コミュニティスクール

適化」を強調したのは、第一に学習過程でことさら個別化（ないし個別分断化）に光を当ててきたこと、第二に最適化の根拠をAIやICTなどもっぱら情報機器操作に置いたことが、その特徴である。ほんらい学習は、教師と子どもとの人格的に密接な接触により、子ども個々人と子ども集団との相互作用の過程で行われる。したがって、右のような情報機器による個別最適化の動きには当然のように無理・矛盾があり、審議会内部での批判も起こった。

二〇一八年以来三年間の中央教育行政の前半は、学び論に関しては個別最適化で走ってきたが、中教審の審議が煮詰まってくる段階で、もともと内包されていた矛盾や批判が噴き出してきたと見るべきであろう。しかし残念なことに、中教審では若干の文章表現上や字句上の修正にとどまらざるを得ず、抜本的な変化には至らなかった。なぜなら、新自由主義教育政策の総路線に包摂されて出発した個別最適化の流れは、その出自に課せられた宿命からは逃れることはできなかったからである。

さらに言えば、個別最適化された学びと並列に出された「協働的な学び」論では、どんな時にでも「協働」を充て、文科省文書では「協同」や「共同」はタブー視されている。これら学びの「きょうどう」に関するニュアンスの違いは確かにあるのだから、文脈に合わせて適切に使うことが肝要なのに、文科省文書ではすべてにあたり「協働」の文字しか使用しない徹底ぶりである。これも学びの規定を狭く一面的にしている要因である（表4）。

六　自主性が発揮された創造的な実践を

日本の教育行政には、他の先進国には見られない「縛りのきつさ」が付きまとっている。教育課程行政についても同様である。しかし、教育課程づくりの分野ほど画一的な縛りになじまない領域はない。なぜなら教育課程づくりの核心部分である学習と指導の実践過程においては、その時一回かぎりしか実現しない「今そこに生きる人間同士の人格的な接触・交流」が不可欠だからである。教育課程づくりに求められるのは、それに関わる全ての当事者の自主性と創造性の豊かな発揮である。

このおおもとの部分で自由と自主性を保障することが、教育課程改革の土台である。

注

（1）梅原利夫「東日本大震災と向き合う教育課程づくり」、教育科学研究会『講座　教育実践と学校を問い直す』第3巻『学力と学校を問い直す』かもがわ出版、二〇一四年、一六五頁、一部補筆した。

（2）梅原利夫『新学習指導要領を主体的につかむ』新日本出版社、二〇一八年、三二～三六頁。
（3）梅原利夫「学力の法定化と教育課程の構造変化」『人間と教育』第九九号、旬報社、二〇一八年。
（4）松尾知明『アメリカの現代教育改革　スタンダードとアカンタビリティーの光と影』東信堂、二〇一〇年。
（5）梅原、前出（2）、四九～五〇頁。
①文科大臣による「官報告示」という発表形式、②学習指導要領を、学校や教師集団が、自主的に分析し批判検討を加えて編成することの困難性、③政権の教育政策に沿って、さらに強調点が特化される傾向、④さらに細かい部分までの指導を説明した「解説書」の発行、⑤指導要録の改訂による「評価」法の画一化、すなわち四観点から「資質・能力」に沿った三観点へ、⑥教科書検定基準の設定と、教科書検定の強化、⑦全国学力・学習状況調査、⑧学校内の管理体制における、上意下達による指揮・指示体制の強化。
（6）徳水博志『震災と向き合う子どもたち——心のケアと地域づくりの記録』新日本出版社、二〇一八年。
（7）入澤佳菜「子どもたちと私の2・28」『クレスコ』二〇二〇年五月号、大月書店。
（8）民間教育研究運動団体発行の雑誌八月号あたりから、たくさんの取り組みが報告されている。意欲的な報告をひとつ紹介したい。中村（新井）清二、石垣雅也編『コロナ時代の教師のしごと——これからの授業と教育課程づくりのヒント』旬報社、二〇二〇年。
（9）本稿は、二〇二〇年一〇月一六日の中教審「中間まとめ」公表段階までの考察である。
（10）EdTech（Education and Technology の造語）研究会〈経済産業省内〉二〇一八年一月一九日、第一回研究会
GIGA（Global and Innovation Gateway for All）School構想〈文科省内〉実現推進本部（本部長：文部科学大臣）設置、二〇一九年一二月一九日。
（11）この転換の詳しい分析は、梅原利夫「ＡＩ（人工知能）による『個別最適化された学び』は可能か—中教審『中間まとめ』に至る学び論の迷走」雑誌『前衛』日本共産党中央委員会、二〇二〇年一二月号。

コロナ禍の教育課程編成と方法

八木英二

はじめに

社会全体で市場化を徹底するなど新自由主義を本格導入し始めたサッチャー首相は、かつて次のように述べたことが知られる（在任一九七九〜一九九〇）。「自分たちの問題の解決を社会に託すが、社会とは誰のことなのか、そんなものは存在しない」と。ところが、二〇二〇年になって、同じ立場を継承したはずの現首相ジョンソンが自身のコロナ重症体験から逆に「社会は存在する」と述懐するなど、コロナ禍自体が新自由主義の困難を炙り出す皮肉な事態である。日本でも医療等と同様、学校教育でエッセンシャルワークの在り方が問われる毎日だ。学力テストづけや競争を上から強制し、市場原理の下で問題解決を自助や自己責任に委ね、社会責任を形骸化する。こうした新自由主義施策がコロナ禍の事態を悪化させ、教育や医療の現場の取り組みを妨げている。これらの困惑が続く中、本稿では、学校現場の教育課程編成や教育方法にかかわる論点にふれておきたい。

一 オンラインとオフラインの学習

コロナ禍に遭遇した新指導要領の実施初年度、後述のコンピテンシー（資質・能力）にかかわる「主体的・対話的な深い学び」（アクティブ・ラーニング―ALと略）等の新方針はどう実践したのか。コロナ禍は、そのAL方針の空疎さをも露わにした。乳幼児保育から大学教育まで、アクティブな対話どころか、逆に密な関係を避ける工夫が求められた。当然の対応だろうが、まさにこの点に悩ましい実践上の課題がある。

そもそも学校・家庭・地域を問わず、子育てや教育本来の仕事とは、関係者が集う中で成り立つ。コロナ禍では「毛づくろい」（斎藤環）の関係がいっそう求められるという臨床の指摘とも重なろう。教育課程編成や方法は、何より学校や地域の生活と子どもの実態をふまえなくてはならない。その厳然たる要請が教師にある。低年齢ほど密着は切実であり、対応は多岐にわたる。主力のオンライン対応は抱っこを要する乳幼児にとって密を避ける手段にならず、保育にならない。密を避ける試み自体に難がある。介護と同様、PCR検査等による医療面の条件整備は切実であろう。

複数園からは涙ぐましい工夫が伝わってきた。一に消毒、二にも消毒。プラス、子ども達を密にしない声かけの毎日だが、子どもの方は気にせず勝手に密着し、オタマジャクシのたらいを囲んで歓声をあげたりする。しかし、その表情を見て、「やっと保育が繋がっていく」と保育者としてうれしく思えるという。[1]

また、保育室から園庭までつながる空間に遮光テントを張り（保育室を広げて）、活動の場所を広くとり密を避ける努力はする。大人数にならぬよう注意しなくてはならない。室内遊びと外遊びを行き来させる中、子ども同士の関わりは見守る。子ども達を分散させて持参のザリガニやカメを見せ、保育室内では椅子の間隔を保つ。少人数のグループ毎に「お互いの思い」を集めて交流する保育を重ねると、楽しそうな表情がみられたともいう。[2]

こうして、幼年のみならず社会化（あるいは関係性）の達成を学校でも積み上げていくという、コロナ禍の現場からは様々な工夫が伝わってきた。コロナ禍の学校現場は、オンライン学習や分散登校など創意工夫の努力が盛んに試みられる。また、児童生徒に一人一台の端末を持たせる等、経産省や文科省が後押しをするＳｏｃｉｅｔｙ5.0の国家戦略は絶好の機会とみたであろう。ＩＣＴやＡＩ（人工知能）の利用が盛んに喧伝される中、機器の配備や使う意義も実は不明瞭で、休校期間中のオンライン利用は広がらない。大学における学習研究活動や一般社会の職場は、テレワーク等の対応がある程度普及し、ネット環境の不備があるものの集まれないデメリットを補うべくルーティンの学習環境を整える努力がなされているようにも見える。Ｚｏｏｍその他の機能の効能を実感することは多々ある。しかし、大学生でも幼小中高と同様の「集う場をもてない」欠陥はつきまとう。オンライン授業は確かに盛んだが、キャンパスの交流を妨げるその弊害は小中高と同様に深刻である。

ある大学の学生アンケート調査では、夏以降の秋学期に希望する授業形態が「ＷＥＢ授業と対面授業の併用三五％」「全面ＷＥＢ授業三四％」「全面対面授業二七％」等、学年別に見て「全面ＷＥＢ授業」が受け入れられない学生は平均で三四％と、最も多い一回生（四九％）から上回生になるにつれて漸減する結果であった。コロナ禍は学習上の障碍に留まらず、学生が集う空間まで喪失させる。経済的理由に加え、キャンパスでの交流を妨げるせいか、大学への帰属感まで失わせ、少数だが休学や退学に至る実態すらある(3)。

新入生の友達が作れない悩みは深刻である。対話空間が培うはずの学生同士の関係づくりの難しさは軽視できない。オーケストラの事例と同じでないが、各パートをオンライン上で寄せ集める交響曲の演奏はほぼ不可能と言われるように、幼児から大学までの教育も同様に、「その時、その場」を十分に共有できないデメリットが大きい。結局、幼小から大学までのあらゆる段階で何等かの手立てをしなくてはならず、少人数化や分散登校が一例であるように、保育実践では前述のチャレンジもあり、大学レベルでも実践の交流が試みられる等、何らかの工夫が絶えず模索される。教育課程編成の柔軟化からクラス分割・少人数化に至るまで、実態にあわせ、実践の可能性を広げるべく懸命の努力が求められる最中である。

二　教育方法上の工夫――ＩＣＴ利用とＡＬ

コロナ禍対応の決定打としてまず推奨されたのは、ＩＣＴの駆使であった。しかし、その利用に関する危惧はコロナ禍でむしろ肥大化した。Ｓｏｃｉｅｔｙ5.0時代と位置づけるＩＣＴやＡＩの効能がどれほどにせよ、最新機器でさえ、そもそも子どもの学習活動では鉛筆や消しゴムと同じ手段以上のものではない。それは確かに鉛筆をしのぐ偉大な技術進歩であるが、何のためにどう使いこなすかが肝要である。見過ごされ易いが子ども達の学習活動や学校の在り方こそが基本課題となる。

対自然のモノづくりの労働とは異なる対人間の活動であることにまず教育活動の特質はある。では、学校のクラスで集う場所は如何なる意味で教育的空間たりえるのか。学校は子ども達それぞれが居場所や安心感を持ち得るものでなければならず、「表現の自由」や「民主主義的な共同性」の在り方も問われる。では、指導要領の改訂動向がらみ（「主体的・対話的な深い学び」等）のＡＬとのかかわりでＩＣＴはどう位置づけるのか。

実は、コロナ禍以前からもデジタルメディアの教育方法上の扱いについては既に論じられてきた留意点がある。例えば、井ノ口淳三のいうように、「足を使って調べることの大切さ」等、まず視覚や聴覚、味覚、触覚、嗅覚に至るまでの五感を伴うアナログ体験を欠くことはできない(4)。その五感を伴う子どもの「内面」の思いは他者にどう伝わるのか。他者にかかわる自分を自分でどう認めるか（自分に照り返すか）。表現の自由はどうであるか。生活表現のリアリティはどうか。子どもの安心感や居場所の感覚を伴いつつ、子ども同士の内面・外面がクラス内外で複雑多岐に交わるクラスと学習空間こそが公教育として成り立つ学校の特徴であろう。そこでクラス人数や教員の適正配置が課題となるのはいうまでもない。しかし、現下の施策がめざす「個別最適化」の方針（「経産省の『未来の教室』ＥｄＴｅｃｈ研究会や文科省のギガスクール方針」等）では、多人数と対極の最適化にせよ、上述した「表現の組織化」の教育条理に背反するデジタル個別化に留まるのであれば、いくら最適化された教材であるにせよ是認できない。

三　交流の場づくり（表現を組織化する意義）

教育実践史の経緯では、書き言葉（生活綴り方等）や話し言葉の、身振りを伴う生活表現の組織化が重視されてきた。これらの方法には分厚い経験があり、「内面の思いを通わせ」る子ども同士の「表現活動の組織化」が指導方法上の価値として蓄積されてきた。それは言葉の訓練や鍛錬にかかわる効能というより、地域や学校の生活を共にする子ども達の「からだ・身振り・表情」の微細な動きやサイン等も伴いつつ、子ども同士が「何らかの思い」の表現を通い合わせるという、自己と他者の形成にかかわる発達に寄与する方法上の意義をふまえてのことであった。では、現下の「ＩＣＴ利用の個別最適化」方針（文科省のギガ・スクール）で個別ブースに閉じ込める事態を含め、コロナ禍のオンライン対応やリモートワークの経験は今後にどうつなげていけばよいのか。

そもそも「表現の組織化」という教師の指導は、「人格の形成」という公教育の大目的の下で、それぞれの発達段階と教育階梯に沿った社会化を目指すための基本課題である。この仕事は、コロナ禍に限らない普段の学校現場でも配慮すべき具体的な日々の実践課題となる。そこで、おそらくすべての教師が子ども達それぞれの個性豊かな何らかの「表現の在り様」に直面するであろう。例えば、子どもが生き生きしているように見えて、実は内容のない活発さの演技はありえるし、逆に静かだが内面が活発なケースも多々ある。また、良くも悪くも「なりすましの演技」すら次第に発達するのであって、内容抜きの実践評価は常に慎重さが求められる。オンライン授業の効能だけが押し付けられる風潮もあるだけに、「ALの呪縛や押し付け」等から生じる対話（子どもの「思い」や表現の自由）の形骸化も無視できない。コロナ禍の教育実践では、オンライン、オフラインの教育方法を組み合わせながら、本来の豊かな表現活動にかかわる子どもの全体的発達の複雑性（あるいは豊かさの）の丁寧な吟味が求められるだけに、いっそうゆとりのある教職の在り方も重要な検討課題となる。

確かに、新要領が推奨するALにかかわる対話をコロナ禍は難しくするが、対話（交流）が常にクラス一斉である必要はないものの、なお共同学習を支える単位としての学校のクラスの役割は大きい。クラスを基礎に分散を含む集団化の多種多様や組み合わせで密を避ける経験が重ねられるなか、一人ひとりの「内面の思い」を受け止め、それを子ども同士つなげようとする数多くの貴重な試みに注目したい。コロナ禍ではオンライン利用だけが推奨されがちだが、バーチャルな画面による子どもの拘束と五感を制約するデメリットは避けられないものの、一方では、リアルな対話空間にある緊張から逃れられるメリットも現場からは伝えられてきた。教育方法を多彩に工夫すべき試行錯誤を含め、いまは実践的な知見が蓄積されつつある最中にあり、オンライン、オフラインを問わず、その経験知を交流していく上でも、子ども同士の関係性や時空間のゆとりを確保できる単位人数縮小や教員増等の条件整備等は必須の課題だといえよう。

新指導要領に関わる二〇一六年中教審最終答申では、「内心の自由」にかかわる観点別学習状況の評定の弊害を想定してか、「(これまでは)感性や思いやりなど幅広いものが含まれるが、これらは…評価になじむものではない」と一応の反省が示された。その「感性や思いやり」は「観点別学習状況の評価の対象外とする必要がある」等と情意評価の改善を求める記述もある。情意に関するこれまでの扱い(態度主義や内申書等)は当然ながら改善すべきである。しかし、新要領自体はなお「主体的に学習に取り組む態度」を強く求めるもので、新教育基本法の「態度」規定と合わせ、後述のキイ・コンピテンシー概念の再定義が新たに「人間性」を位置づける等、子どもの評価で克服すべき態度主義や「内心の自由」に対する侵害の懸念が払拭されたとは言えないであろう。

芦部編の憲法論では、精神的自由としての「表現の自由」を支える価値の一つに「個人が言論活動によって国民が政治的意思決定に関与するという、民主政に資する社会的な価値(自己統治の価値)」があるという。その「表現の自由は、個人の人格形成にとっても重要な権利であるが、とりわけ、国民が自ら政治に参加するために不可欠の前提をなす権利」であるとする。[5] これらの視点は新要領の今後の推移をみる上でも欠かせない基本であり、いかなる学習空間でも求められる。

また、教育課程や教育方法が首尾よく整えられ、理想的な実践がなされるにせよ、「理論と実践」の関係上、実践自体が無謬でありえない事態への留意は必要である。そもそも人間対象の教育実践とは、思いどおり（機械的）に対象を加工できる他の労働作業（「対自然」のモノづくり）と本質的に異なる。この実践の特殊性や成果の不確実性に留意しない限り、指導者側の思い込みとか尊大病から免れることも難しい。実践に失敗すれば子どもだけを責め、逆に教師側が失敗すると自分だけを責める等、「自責の念」に囚われる危険（ストレス・バーンアウト）も知られる。

こうした不確実性を伴う実践上の誤りや不十分さは、犯罪でない限り本来は「許され」ねばならず、要は、それを「良き誤り」につなげることが出来るかどうか、その誤りを誤りに留めないための反省的な振り返り（リフレクション）や見直し、実態をふまえた改善の努力や条件整備など、支援の在り方が課題となる。コロナ禍の各地で試行錯誤する奮闘事例も伝えられる所であろう(6)。

コロナ禍前から喧伝されてきたALの教育方法を実践史の経緯から見れば、最初は講義一辺倒の大学教育の改善に始まったが、やがて初中等教育を含む全ての段階で「協働学習の能動性」が新要領で強調されるようになった。しかし、この「活動的な学習」に関わる教育方法全体を振り返るなら、歴史的な経緯は実に長く、「活動的（アクティブ）」の捉え方も様々であった。

また、その概念自体は「目標・内容・方法・評価」を構成する教育実践プロセスのひとつの形式的な単位にすぎず、新要領における「主体的・対話的で深い学び」の扱いが重視されると共に、その「呪縛」には注意しておく必要がある。中教審答申が例示していた「発見学習、体験学習、グループ・ワークその他」等、馴染みのある種々の方法が含まれるだけでなく、どの手法にしろ、子どもの育ちはそもそも「このやり方で作ればこう育つ」といった図面どおりに仕上がる工業製品ではありえない。「方法（技術）」だけを特化させる効能宣伝（スタンダード化の流行）の動きにも注意したい。

四　新自由主義のキイ・コンピテンシー流用

ところで、二〇二〇年改訂学習指導要領は、コロナ禍以前に作成されたものである。そこで求められたALの活動性・積極性・能動性・主体性とは、そもそも産業競争力の政策要請によるものであった。欧州の「知識基盤社会（knowledge based society）」の社会像に由来するキイ・コンピテンシー育成方針に倣い、その「認識を継承しつつ」「社会の加速度的な変化」と「どう向き合い関わっていくのか」と問うた経緯がある（二〇一五年教育課程企画特別部会の論点整理）[7]。

この社会像をふまえた改訂作業は、前回改訂時の二〇〇八年中教審答申と同様、OECD／PISAが想定する「主要能力（キイ・コンピテンシー）」の発想を模している[8]。また、教育と職業訓練に関して従来型の教育投資論をさらにバージョンアップさせる社会関係資本論（ソーシャルキャピタル論―以下、SCと略）の動向の影響もある[9]。前世紀末からEU欧州委員会でも盛んに論じられ始めたSCを基盤とする論議は、日本の政策でも一定の広がりがみられるようになった。

二〇二〇年指導要領改訂の内容を方向づけた二〇一五年二月内閣府・産業競争力会議の文科省提出資料「産業競争力会議：雇用・人材・教育ＷＧ」における「協働」の強調には、その痕跡がさらに明確である。グローバルな競争力をめざす同資料は、「教育再生による経済成長」の簡便な定式「成長（生産）＝一人一人の生産性×労働力人口」で現代版の教育要求を体現した。「産業界から求められている人材」像も提示され、その要請に応えるべく、「課題の発見と解決に向けた主体的・協働的な学習」「あらゆる段階で『アクティブ・ラーニング』を充実」「主体的・協働的な学習」「チームを組んで特定の課題に取り組む経験」等を教育改革の核心的理念として求めている。

将来の職業選択の備えが教育の在り方に影響をもつのは当然であろう。しかし、いかなる仕事も社会的共同労働としてのディーセント・ワーク（働きがいのある人間らしい仕事）が保持されるという、本来の教育改革では求められるはずの普通教育や職業教育の条件整備に関する問題意識はみられない。

結局、今回の改訂指導要領の背景にある基本理念にはＯＥＣＤ／ＰＩＳＡの「主要能力（キイ・コンピテンシー）概念」の変化（再定義）があった。この再定義とはＰＩＳＡ開始時のキイ・コンピテンシー旧定義が改訂された枠組みの変化を指すが、関連するＯＥＣＤ機関と日本政府の共同対話やＯＥＣＤ・Education2030作成の政策提言に沿って改訂作業は行われている。その意味は、旧定義にある①「相互作用的に道具を用いる」、②「異質な集団で交流する」、③「自律的に活動する」等の旧定義三次元から、再定義された三次元へのコンピテンシー概念の転換にあったのである。

こうして、教育課程部会審議資料（二〇一五年）にある日本語説明では、①「知識＝個別の知識・

技能」、②「スキル＝思考力・判断力・表現力」、③「人間性＝多様性・協働性・学びに向かう力・人間性」等と、英語で示される含意に関連させつつ、「スキル（何ができるようになるのか）」といった文言や改正学校教育法の学力定義（思考・判断・表現）や改訂指導要領の文言とも重ねることで、上からの統制的な定着を目指しつつある。出来あいドリルやテスト三昧がオンライン上の「個別最適化」でさらに懸念される状況であり、新自由主義的な成果主義、あるいは日本独特の「人間性」（絆）や道徳主義の負荷が重なる事態ともいえよう。[10] 旧定義の日本語訳はほぼ英語に対応するが、再定義ではOECD側の英語と少しズレる日本側独自の解釈が加味された。このOECD側との協議で作成された再定義の日本側のコンピテンシー概念の説明は、結局、学校教育法第三十条二項の「知識及び技能を習得」「思考力、判断力、表現力その他の能力をはぐくみ」「主体的に学習に取り組む態度を養う」等の、いわゆる「学力」に関する法規定と同じ内容を付加するものである。

　また、日本版再定義の「人間性」次元にある「協働性」とは、前記の二〇一五年二月の内閣府・産業競争力会議が強調した「他者と協働しながら価値の創造に挑む」人材育成方針と同じもので、それは民主的な関係性を含意する協働というより、安倍政権が重視した「人間性」という、情緒的で道徳的な「絆」路線の響きが強い。結局、指導要領の「資質・能力」三要素とは、①「何を知っているか、何ができるか（個別の知識・技能）」、②「知っていること・できることをどう使うか（思考力・判断力・表現力等）」、③「どのように社会・世界と関わり、よりよい人生を送るか（学びに向かう力、人間性等）」等とあるように、コンピテンシー再定義にやや強引に相応させたものでもある。すなわち、日本とO

ＥＣＤの「政策対話」を通じて日本側が重視したキイ・コンピテンシーの「資質・能力」とは、二〇〇七年改正学校教育法三十条二項の「学力」規定の言い換えでもあったことがわかる。こうして、西欧の人的資本論における社会関係資本（ＳＣ）論に日本独特の道徳的なニュアンスが加味された「資質・能力」の用語が新要領でも多用されることになった。

結局、今回の改訂要領は、新自由主義路線の下で「協働する能力形成」というＳＣの教育投資論の要求を体現し、他方で、日本の「政治的な保守化・ナショナリズム化」（本田由紀）等も併存させる結果となった。[11] これらの政治的背景や問題点は見過ごせない。もとよりこのＳＣ概念については、そのきわめて曖昧かつ科学的妥当性を疑う論文が国内外に数多い。「我々は（ＳＣの）投資効果だけで家族生活を営み、他人を信頼し、正直などの道徳的規範を守るわけではない」し、「資本概念として論じることには無理がある」（佐藤誠）ともいわれるように、ネットワークという社会関係性自身を「資本財」と同等に位置づける試みにはそもそもの学問上の難点もある。[12]

以上の枠組みや「主体的・対話的」「深い学び」「何ができる」などをキイワードとする新要領の教育方法に関しては、ＡＬや「教育課程の総体的構造」をふまえるカリキュラム・マネッジメント（ＣＭ）等が目玉に位置づけられている。

審議資料では、さすがに、「指導法を一定の型にはめ」たり、「授業の方法や技術の改善に終始するのでは」等の懸念事項にふれるなど、[13] ＡＬをパターン化させない旨の論議の痕跡もある。しかし、新要領に関する教育内容・方法への介入や徳目による価値統制（道徳の「教科」化など）はいっさい問題視されておらず、子どもの実態をふまえた編成のプロセスが組み込まれているわけではない。この教育課程編成に関する中教審の関心や言及は依然として明確ではない。しかし、本来の編成の筋道としては、まず子どもの実態と教師の授業過程を基礎とし、「内容選択における教育論（価値）との往還」、あるいは、「教育内容選択の根拠を教育論として解き明かしたもの」（河原尚武）でなければならず、大学や学会その他の研究機関や地域社会と接合が広く求められる。(14) 教育内容選択・編成における教師や子どもの役割が大きいのはいうまでもない。「主体的・対話的で深い学び」（カリキュラム・マネジメント）のスローガンも、これらの当事者性をふまえた河原のいう「内容編成の根拠が教育価値として確かめられるプロセス」を損なうものであってはならず、これらの問いを避けることはできない。

おわりに

欧州議会の進歩党会派（GUE・NGL）の議員グループは、コロナ禍を悪化させる新自由主義に起因する弊害を問題視し、改善の努力を妨げる要因を6つにまとめた。その第一は医療における利潤獲得の要因であり、「新自由主義が公衆衛生を商品に変えてきた」と指弾し、第二〜第五（中略）に続く第六の要因では、「新自由主義で苦しむ人々は、前線にあるエッセンシャルな関係者にとどまらず、多くの働き手の権利を侵害し、不安定な状態を増大させている」と断じる。(15)

これらは、「労働とは商品でない」と述べる一九四四年ＩＬＯ総会のフィラデルフィア宣言を想起させる動きでもある。また、新自由主義が拡大する中、今日のＧＡＦＡに代表されるような働き方のグローバル化が進む状況があるが、大戦後の同宣言後、「働きがいのある人間らしい仕事（ディーセントワーク）」（一九九九年以来のＩＬＯ）も掲げられるなど、新自由主義がもたらす困難への対抗もまた次第に注目を集め始めている。学校教育を含め、市場原理とは相いれないエッセンシャル・ワークへの期待は大きい。密を避ける努力と合わせ、学校は子ども達が次第に社会化していく公共（化）空間でもあるという、教育実践にふさわしい「教育における民主主義」の真価と深化をコロナ禍の学校も問い始めている。コロナ禍後、または「インターコロナ」（斉藤環）も見据え、教育方法上のＡＬの「呪縛」に囚われず、出来あい市販教材や方法の独り歩き、押し付け等には慎重でありたい。利用できる教材は多々あろうが、まずは「生活の事実を弁えた」（河原尚武[16]）子どもの実態とそれぞれの内面の思いや表現への関わりからの出発となろう。

注

（1）「コロナ禍の一学期の保育を振り返って」保育と表現研究会、大阪のＢＡ園実践記録、二〇二〇年八月。
（2）同右研究会、兵庫のＢＥ園実践記録、二〇二〇年八月。
（3）立命館大学新聞社が二〇二〇年八月五日から十八日にかけて行ったアンケート結果による。
（4）井ノ口淳三「デジタルメディア時代の教育方法学の課題」『デジタルメディア時代の教育方法』日本教育方法学会編、図書文化社、二〇一一年、四六頁。なお、杉山伸也の用語は、同論文引用のもの。
（5）芦部信喜・高橋和之（補訂）『憲法』第六版、岩波書店、二〇一五年、一七五頁～一七六頁。

（6）石井英真『未来の学校——ポストコロナの公教育のリデザイン』日本標準、二〇二〇年、中村他『コロナ時代の教師のしごと』旬報社、二〇二〇年、その他。

（7）中教審教育課程企画特別部会の論点整理、二〇一五年八月二十六日、六頁。

（8）中教審答申「学習指導要領の改善について」二〇〇八年一月十七日、八頁。

（9）European Commission, Human capital in a global and knowledge-based economy, Final Report, 2003.

（10）幼稚園、小学校、中学校、高等学校及び特別支援学校の 学習指導要領等の改善及び必要な方策等について（答申）補足資料4、二〇一六年、九九頁。

（11）本田由紀『教育は何を評価してきたのか』岩波新書、二〇二〇年。

（12）佐藤誠「社会資本とソーシャル・キャピタル」『立命館16－1』June2003、二四頁。

（13）前掲、二〇一五年の論点整理、17頁。

（14）河原尚武「教育実践過程における教育内容の選択」、斎藤浩志編『教育実践学の基礎』青木書店、一九九二年。

（15）GUE/NGL, Moment of truth-EU Summit must deliver credible response to Covid-19, April23,2020.https://www.guengl.eu/moment-of-truth-eu-summit-must-deliver-credible-response-to-covid-19/（二〇二〇年九月一九日最終閲覧日）。

（16）河原尚武「戦後地域生活綴方サークルにおける指導論と批評観」『教科外活動と到達度評価』第二〇号、全国到達度研究会、二〇二〇年四月、二五頁。

著者紹介（五十音順）

朝岡幸彦（あさおか ゆきひこ） 東京農工大学。著書：鈴木敏正・朝岡幸彦編著『社会教育・生涯学習論』（学文社、2018年）ほか。

池谷壽夫（いけや ひさお） 了徳寺大学。著書：『東ドイツ“性”教育史』（かもがわ出版、2017年）ほか。

梅原利夫（うめはら としお） 民主教育研究所代表運営委員、和光大学名誉教授。著書:『新学習指導要領を主体的につかむ』（新日本出版社、2018年）ほか。

児美川孝一郎（こみかわ こういちろう）法政大学。著書：『高校教育の新しいかたち』（泉文堂、2019年）『キャリア教育のウソ』（筑摩書房、2013年）ほか。

佐貫 浩（さぬき ひろし） 教育科学研究会常任委員、法政大学名誉教授。著書：『学力・人格と教育実践』（大月書店、2019年）ほか。

中嶋哲彦（なかじま てつひこ） 愛知工業大学。著書:『国家と教育』（青土社、2020年）ほか。

橋本紀子（はしもと のりこ） 女子栄養大学名誉教授。著書：『フィンランドのジェンダー・セクシュアリティと教育』（明石書店、2006年）ほか。

福島賢二（ふくしま けんじ） 埼玉大学。佐貫浩監修・教育科学研究会編『18歳選挙権時代の主権者教育を創る』（新日本出版社、2016年）ほか。

古里貴士（ふるさと たかし） 東海大学。著書：鈴木敏正・朝岡幸彦編著『社会教育・生涯学習論』（学文社、2018年）ほか。

堀尾輝久（ほりお てるひさ） 東京大学名誉教授。子どもの権利条約市民・NGOの会代表、9条地球憲章の会代表、元日本学術会議会員。著書：『現代社会と教育』（岩波書店、1997年）ほか。

八木英二（やぎ ひでじ）滋賀県立大学名誉教授。著書：『教育権をめぐる第2次大戦後の国際的合意』（三学出版、2017年）ほか。

山本由美（やまもと ゆみ） 和光大学。著書：『教育改革はアメリカの失敗を追いかける』（花伝社、2015年）共編著『小中一貫・学校統廃合を止める』（新日本出版社、2019年）ほか。

［編者］民主教育研究所

真理と真実にもとづき、研究をとおして、広く教育に携わるものの実践を支え励ます拠点として、一九九二年に設立されました。理論と実践交流の季刊『人間と教育』は二〇二一年六月に一一〇号になります。現在八つの研究委員会によって研究がすすめられています。

〒一〇二-〇〇八四　東京都千代田区二番町一二-一

TEL:03-3261-1931　FAX:03-3261-1933

E-mail:office@min-ken.org　URL:https://min-ken.org/

民主主義教育のフロンティア

二〇二一年三月二五日　初版第一刷発行

編者……………民主教育研究所
装丁……………佐藤篤司
組版……………キヅキブックス
発行者…………木内洋育
発行所…………株式会社 旬報社
〒一六二-〇〇四一 東京都新宿区早稲田鶴巻町五四四
TEL 03-5579-8973　FAX 03-5579-8975
ホームページ https://www.junposha.com/

印刷・製本……中央精版印刷 株式会社

 ISBN978-4-8451-1686-7